Lee cada noche

365 Cuentos

SERVILIBRO

Un burrito por un coche

1 Mi compañero, el burrito

Miguel Ángel regaba los tomates de su huerto, pero sus pensamientos estaban lejos, en la tienda de coches del señor Plum.

Desde hacía una semana se pasaba todos los días a mirar un coche rojo y precioso que tenía en el escaparate y, en ese momento, mientras regaba, le parecía estar escuchando las palabras del señor Plum:

—No sé por qué sigues haciendo las tareas de la granja con ese burro que tienes. Se pasa el tiempo oliendo las flores del jardín mientras tú trabajas y, además, aguanta poca carga.

—No debo pensar esas cosas —se dijo Miguel Ángel—. El burrito es mi amigo; me acompaña mientras recojo la cosecha y me lleva al mercado cuando voy a vender las verduras y las frutas de la huerta. Pero..., la verdad es que un coche de esos modernos, tan bonitos y tan rápidos, me vendría de maravilla. Además, también me serviría para viajar y conocer mundo.

Mientras él pensaba en el coche, el burrito, más feliz que nadie, olía las flores y hablaba con las mariquitas y los pajarillos.

Enero

2 Las dudas de Miguel Ángel

Después de muchos días oyendo al señor Plum, Miguel Ángel empezó a pensar y pensar.

—A lo mejor tiene razón. El burrito es muy pequeño y es verdad que no puede llevar mucha carga. En cambio, un coche... Por ejemplo ese rojo tan bonito que tiene en su tienda el señor Plum. Si me lo comprara podría ir en él vestido con mi traje de los domingos. También podría llevar de paseo a mis amigas Clara y Beatriz. Pero por otra parte... el burrito lleva conmigo toda la vida y me quiere mucho.

3 Un burrito por un coche

Y por fin Miguel Ángel tomó una decisión y cambió su burrito por el flamante coche rojo de la tienda del señor Plum. Encantado de la vida, y vestido con su traje de los días de fiesta, se fue a merendar a la ciudad acompañado por sus amigas Clara y Beatriz. Al salir del pueblo pasaron por delante de la cerca de la granja. Iban tan contentos, cantando y riendo, que no se dieron cuenta de que el burrito, atado a un poste de la cerca, les miraba pasar lleno de pena. El pobre animal estaba tan triste que de sus ojos caían unos lagrimones tan grandes como esos cristales que cuelgan de las lámparas antiguas.

4 No todo es lo que parece

Habían recorrido casi la mitad del camino, cuando de repente el coche empezó a hacer unos ruidos la mar de raros. ¡Era como si resoplara y diera bufidos como un gato!

—¿Por qué hace esos ruidos? —preguntó Clara.

—Debe de ser que, como es nuevo, le cuesta un poquito acostumbrarse a subir las cuestas —contestó Miguel Ángel.

—Suena como si tuviera un montón de perros y gatos metidos en la tripa —dijo Beatriz.

Y nada más decirlo, el cochecito rojo hizo ¡puf! y se paró de repente.

5 ¡Menudo desastre!

—¿Qué pasa? —preguntó Clara.

—¿Por qué se ha parado? —dijo Beatriz.

—La verdad es que no lo sé —contestó Miguel Ángel—, pero eso lo arreglo yo enseguida.

Y bajándose del coche, sacó la caja de herramientas y se metió debajo como había visto hacer a Pepe, el dueño del taller mecánico. Pero a pesar de su buena voluntad, lo único que consiguió fue que los tornillos se cayeran al suelo y se fueran rodando cuesta abajo.

Enero

6 No hay nada mejor que la amistad

Miguel Ángel entró en la frutería del pueblo y encargó que le pusieran en una caja, de esas de envolver regalos, veinticuatro zanahorias de las más grandes y sabrosas y, cargado con ellas, se fue corriendo a la granja.

Al verle llegar, el burrito se puso tan contento que los lagrimones que caían de sus ojos formaban charquitos en la tierra.

—¡Mi querido burrito! —dijo el niño—. Perdóname por haberte dejado solo. Ahora sé que no hay nada mejor que la amistad.

Alí Babá y los cuarenta ladrones

7 El humilde leñador

Alí Babá, aunque todavía era un niño, trabajaba mucho cortando leña en el bosque. Un buen día estaba descansando apoyado en un árbol, cuando vio una banda de cuarenta ladrones que llegaban armando mucho barullo. El niño se escondió detrás de un árbol y vio que el jefe se paró delante de una roca y exclamó:

—¡Sésamo, ábrete!

Y la roca se abrió mostrando una oscura cueva a la que pasaron todos los bandidos.

8 El tesoro de los cuarenta ladrones

Alí Babá esperó hasta que los ladrones se marcharon, salió de su escondite, se acercó a la roca misteriosa y gritó:

—¡Sésamo, ábrete!

La roca se abrió y, al entrar en la cueva, Alí Babá se quedó mudo al ver el tesoro que allí había.

—Me parece que este tesoro lo han robado los tipos esos que han estado aquí antes —pensó el muchacho—. Así que como dicen que quien roba a un ladrón tiene cien años de perdón, me voy a llevar un saco lleno. Total, hay tanto que ni siquiera lo van a notar.

Y más contento que unas pascuas se fue a su casa cargado con el saco lleno de riquezas.

9 La envidia es muy mala consejera

Alí Babá fue corriendo a casa de su hermano para enseñarle lo que había cogido de la cueva y para contarle cómo había conseguido el tesoro. Pero el hermano, que era un avaro y un envidioso, hizo que el niño le dijera dónde estaba la cueva y las palabras mágicas que abrían la puerta.

—No te lleves mucho —le aconsejó Alí Babá—; si no, los ladrones se darán cuenta y vendrán a buscarte.

—Me da lo mismo —respondió el avaricioso—. Voy a coger todo lo que pueda. Y mañana volveré a por más. Dejaré vacía la cueva.

Y se fue con sus sacos y sus mulas al encuentro de su desgracia.

Enero

10 La avaricia rompe el saco

El hermano de Alí Babá llenó los sacos hasta reventar de todas las joyas que había en la cueva. En ese momento aparecieron los cuarenta ladrones encabezados por su siniestro jefe. Pronto se dieron cuenta de que allí había entrado un ladrón más grande que ellos mismos y que les estaba robando su tesoro; así que se pusieron hechos una furia, le agarraron por la ropa y le dieron una tremenda paliza. Cuando se cansaron de pegarle, le interrogaron y el malvado hermano les dijo:

—La culpa de todo la tiene mi hermano pequeño, que se llama Alí Babá y os estuvo espiando. Él sí que se ha llevado una barbaridad de joyas y de monedas de oro.

11 El plan del jefe de los ladrones

Alí Babá había alquilado una casa cerca de la su hermano y había contratado a una sirvienta que se llamaba Aixa.
El capitán de los ladrones se enteró de dónde estaba la nueva casa de Alí Babá y se presentó allí haciéndose pasar por comerciante de aceites.
—Oye, pequeño —le dijo a Alí Babá—, ¿serías tan amable de permitir que pase aquí la noche? Voy a entregar estas tinajas de aceite a la capital, que está a dos días de viaje, y mis mulas están cansadísimas.
—Claro que sí, señor mercader —contestó el muchacho.

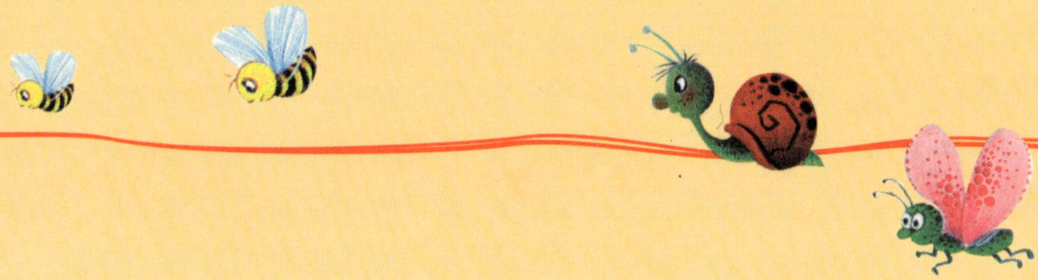

12 La valentía de Aixa

Aixa estaba en el jardín regando las flores cuando al pasar por delante de las tinajas le pareció oír unas voces que venían de dentro.

—¡Qué raro me parece esto! —exclamó—. Es la primera vez que oigo hablar a una tinaja de aceite. Me parece que aquí hay gato encerrado.

Se escondió detrás de un naranjo y entonces pudo oír claramente unas voces de hombre que salían de las tinajas.

—Este Alí Babá es un tonto —dijo una de las voces—. No sabe que mientras él cena, nosotros estamos escondidos aquí, esperando que se quede dormido para cortarle el cuello.

13 El jefe de los ladrones es descubierto

En cuanto dejó a los malvados ladrones fuera de combate, la valiente Aixa se fue corriendo al comedor donde estaban disfrutando de una deliciosa cena Alí Babá y el jefe de los ladrones.

—¡Alto, Alí Babá! No comas ni una miga de pan más con este sinvergüenza. Has de saber que este bandido es el jefe de los cuarenta ladrones y que en las tinajas que según él estaban llenas de aceite, se escondían todos los de su banda, aguardando a que te durmieras para cortarte el cuello. Pero no te preocupes porque he dejado fritos a los cuarenta.

14 Y colorín colorado...

Alí Babá, ayudado por la valiente Aixa, ató con un montón de cuerdas, gordas como las de amarrar los barcos, al malvado capitán de los cuarenta ladrones, que estaba irritado por haberse dejado atrapar por un jovencito.

Cuando estuvo bien sujeto, llamó a la policía y lo entregó, haciendo que los representantes de la ley y el orden le obligaran a devolver todo lo que había robado.

Luego pidió que liberaran a su hermano, que seguía prisionero en la cueva, y como él era un chico honrado y bondadoso, devolvió la parte del tesoro que se había llevado.

Alicia en el país de las maravillas

15 El sueño de Alicia

Alicia había salido al jardín después de estudiar sus lecciones.

—La verdad es que estoy más cansada que nadie en el mundo —pensó—, así que voy a sentarme un rato.

De pronto se dio cuenta de que sobre un tronco caído caminaba lentamente una familia de caracoles. Se sentó junto a ellos para mirarlos mejor y, casi sin darse cuenta, se quedó dormida.

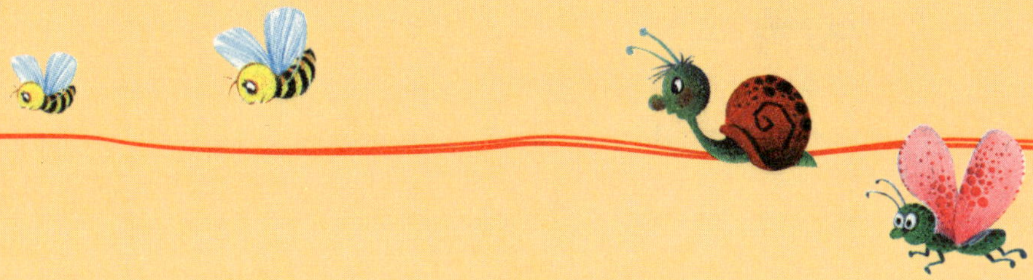

16 El conejo blanco

Alicia se despertó con el sonido de una vocecita que iba diciendo sin parar.

—¡Oh, cielos! Voy a llegar muy tarde. Son más de las doce y la fiesta ya habrá empezado, seguro que sí. ¡Oh, cielos! Seguro que sí. La fiesta ya habrá empezado...

—¿De qué fiesta hablas, conejito blanco? —le interrumpió Alicia.

—¡Déjame en paz, guapa, que tengo mucha prisa!

Y sin despedirse siquiera salió corriendo.

17 El agujero en el jardín

—¡Qué barbaridad! ¡Hay que ver qué conejo más maleducado! Pues si se cree que esto se va a quedar así, se equivoca. Voy a seguirle para ver qué es eso de la fiesta.

Y sin pensarlo dos veces, se fue a todo correr detrás del conejo blanco. Iba siguiendo la punta de las orejas del misterioso conejo, que era lo único que asomaba entre las flores del jardín, cuando, de repente, desaparecieron de su vista. La niña corrió más y más, y tan deprisa que no se fijó en un agujero que había en el suelo y se cayó por él.

—¡Ay, Alicia! —iba diciendo mientras caía—. ¡Vaya golpe te vas a dar por no mirar por dónde pisas!

Enero

18 El jardín maravilloso

Al mirar hacia el fondo del agujero, Alicia notó que su caída no era tan rápida. En realidad parecía como si se hubiera abierto un paracaídas y la llevara despacito.

Aterrizó en un jardín lleno de flores fantásticas, de todos los colores, que tenían ojos, nariz y boca.

—¡Hola, niña! —la saludó una flor—. ¿Cómo has llegado hasta aquí?

—Vine siguiendo a un conejo blanco que hablaba sin parar de una fiesta a la que llegaba tarde. ¿Sabéis algo de eso?

—¡Claro! —le respondió la flor—. Debe de ser la fiesta del sombrerero loco. Sigue por ese camino y al final encontrarás la fiesta.

19 Feliz no cumpleaños

Nada más pasar una curva, encontró una mesa y a un señor bajito, con un sombrero de copa grandísimo que estaba sirviendo té. Una liebre gris, que no paraba de hablar, hacía de ayudante. En cuanto vieron a Alicia la hicieron sentarse a la mesa.

—Siéntate, guapa —le dijo el señor del sombrero—. Estamos celebrando mi no cumpleaños.

—Lo siento, pero no puedo quedarme. Feliz no cumpleaños tenga usted, señor sombrerero.

Y se fue corriendo a buscar al conejo.

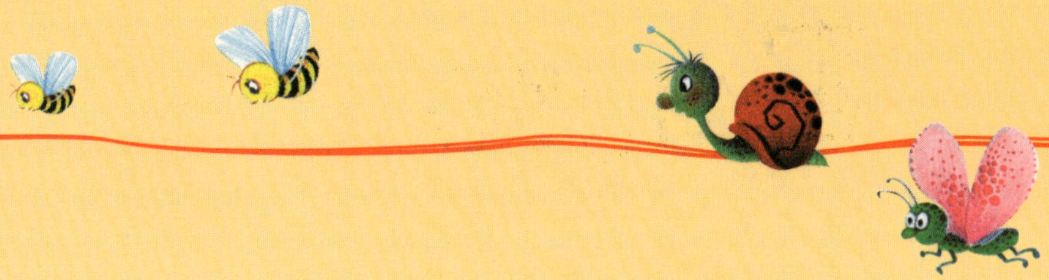

20 El juego de las cartas

Era una suerte que allí todos hablaran: las flores, las mariposas, los caracoles y hasta los gusanitos de luz. Preguntando, Alicia dio con la pista del conejo blanco.

—Sigue este camino de piedrecitas verdes y encontrarás un prado con banderolas rojas y muchas cartas de baraja gigantes. Seguro que está allí —le dijo una libélula.

—¡Qué lista es la libélula! —dijo Alicia—. Es verdad que el conejo blanco está en el prado. ¡Y corre como un loco!

Y la niña se puso a correr tras él, entre enormes cartas de corazones, tréboles y diamantes que estaban colocadas como si fueran casitas.

21 La reina roja

Y corre que te corre, Alicia llegó al sitio donde se estaba jugando un juego de lo más raro. Había unos soldados vestidos de cartas de la baraja que estaban tan quietos que parecían estatuas de piedra. También había una señora con una corona que no hacía más que chillar, y a su lado estaba el conejo blanco con una cara de susto tremenda.

—¿Quién es esa señora tan gritona? —le preguntó Alicia a una mosca del vinagre tan pequeña que casi ni se la veía.

—¡Chisss, calla que no te oiga! Es la Reina de Corazones y puede ordenar que te corten la cabeza.

Enero

22 ¡Cielos, qué susto!

Alicia pegó un salto tremendo cuando oyó que la reina gritaba:

—¡A esa niña, que le coooooorten la cabeza!

Tan tremendo fue el salto, que de golpe se vio sentada sobre el tronco de madera, rodeada por los caracoles y algún gusanito que otro. Miró a su alrededor y vio que estaba en su jardín, y que el tronco era el mismo sobre el que se había quedado dormida. El conejo blanco, la liebre, el sombrerero loco y la Reina de Corazones no eran más que su sueño.

Un día en la ciudad

23 Una señora encantadora

En un pueblo pequeñito rodeado de montañas verdes, vivía la abuelita Paca. No es que fuera abuela de verdad, porque no tenía nietos, ni hijos, ni nada de eso. Es que como era una señora mayor encantadora, gordita, canosa y con gafas, todo el mundo la llamaba cariñosamente abuelita. Siempre había vivido en su granja cuidando de un montón de animalitos y nunca había echado de menos otra clase de vida, aunque, la verdad, es que no le gustaría dejar este mundo sin conocer la ciudad.

24 Los preparativos del viaje

Un buen día se levantó y, después de dar de comer a todos sus animales, les puso en formación y les dijo:

—Chicos, he pensado que no puede pasar ni un solo día más sin que vayamos a ver cómo es una gran ciudad. Estamos todos hechos unos paletos y eso se tiene que solucionar ya, así que voy a peinaros y a vestiros de fiesta y nos vamos a la capital a pasar el día. ¿Sabéis lo que me ha dicho todo el mundo? Que la ciudad es una maravilla y que nadie debería quedarse sin verla.

25 Nos vamos a la gran metrópoli

Así que allá va la abuelita de camino a la ciudad, con su cesta en el brazo, seguida por una procesión de pollitos, conejos, ardillas, una tortuga y, cerrando la marcha, Pingo, el perro rubio, que iba tan contento vigilando la formación.

Todas las flores del camino agitaban sus hojas diciéndoles adiós. Lloraban lágrimas de rocío porque no podían acompañarles. ¿Cómo iban a poder? Las flores del campo tienen raíces que las sujetan al suelo y no las dejan moverse.

26 ¡Ya estamos en la gran ciudad!

Lo primero que notaron fue el ruido, que fue haciéndose más y más fuerte según se acercaban.

¡Piiii!... ¡Buuuum!... ¡Boooo, boooo!... ¡Riiing, riiing!...

—¡Oh, Señor, qué barullo espantoso! —exclamó la abuelita—. Jamás en mi vida escuché unos ruidos tan atronadores. ¡Qué horror! Si todos los coches corren así y nadie se para, no vamos a poder cruzar la calle jamás. Chicos, todos juntitos y cuando cuente tres, pasamos todos a la vez.

Y es que la abuelita aún no se había enterado de que existe una cosa que se llama semáforo.

27 A valor no hay quien les gane

Uno..., dos... y... tres. Entonces, todos agarraditos los unos a los otros, pasaron entre los coches, que pitaban de una manera tremenda, la mar de enfadados porque la abuelita, los pollitos, la tortuga, las ardillas, los conejos y el perro invadían la calzada, que así se llama el lugar que los automóviles creen que es solamente para su uso particular.

—¡Ya está bien! —gritó la abuelita—. ¡También nosotros tenemos derecho a pasar por la calle! Los coches se creen los reyes del mundo.

28 Un respiro en el asfalto

Cansada de tanto andar, la abuelita les decía a sus animalitos:
—Esto es muy grande y nadie conoce a nadie. Todo el mundo va corriendo y los coches ocupan todos los sitios.
—Guau, guau —contestaba Pingo.
—Pío, pío, pi —decían los pollitos.
—Tenéis razón —dijo la abuelita—. Llevamos un montón de tiempo andando y a mí me duelen los pies una barbaridad. ¡Eh, mirad allí! Aquello es un jardín con césped y flores. ¡Y hasta hay una fuente! Vamos a sentarnos que quiero quitarme un rato estos zuecos.

29 La ciudad no es para nosotros

La abuelita, descalza, paseaba por el césped; las ardillas se subían a un pino; los pollitos cortaban flores con el pico; Pingo daba volteretas, y hasta la tortuga Meteora lo pasaba fantástico comiéndose las hojas del seto.
Tan entusiasmados estaban que no vieron llegar a un guardia con su gorra y su bigote que se les acercó con el cuaderno de multas en la mano.
—Señora —le dijo muy serio a la abuelita—, esto es un parque para adornar la ciudad y está prohibido pisar el césped.

30 Hogar, dulce hogar

Al llegar a su casa del pueblo recordaron la experiencia de pasar un día en la ciudad y les pareció a todos espantosa. No entendían cómo podía vivir allí la gente con las calles llenas de coches, con personas que ni siquiera te daban los buenos días y con un único pedacito de jardín que, solo por pisarlo un poco, te cuesta una cantidad de dinero tremenda.

—Aquí en casa sí que estamos bien. ¿Verdad, animalitos míos? Aquí respiramos paz y tranquilidad, la gente nos conoce y nos quiere, y vosotros podéis coger flores, subir a los árboles y revolcaros en el césped sin que ningún guardia os ponga una multa.

Blancanieve y Rojaflor

31 Las dos huerfanitas

En lo más alto de una montaña nevada vivían dos niñas. No tenían padres, ni hermanos, ni abuelitos, ni nada de nada. Estaban completamente solas en el mundo y, a pesar de eso, eran muy felices.

Una de las niñas se llamaba Blancanieve, porque su pelo era rubio muy claro y su cara del color de las rosas blancas; el nombre de la otra hermana era Rojaflor, pues sus cabellos tenían el color y el brillo rojo del sol cuando se va a esconder y sus mejillas siempre estaban sonrosadas.

Febrero

1 Un visitante al que no se espera

Las dos hermanas se preparaban para cenar cuando, de pronto, alguien llamó a la puerta.

—¿Quién será a estas horas? —preguntó Blancanieve.

—A estas horas o a cualquier hora, hermanita. Aquí arriba nunca viene nadie —le respondió Rojaflor—. Pero vamos a abrir porque no se puede dejar a nadie a la intemperie con esta nevada.

Y al abrir se encontraron a la puerta de su casa a un enorme oso blanco que tiritaba de frío.

2 Un oso hablador

El oso entró en la cabaña y dijo:

—Buenas noches, niñas. Vengo de las nieves del Polo Norte y creo que me he perdido.

—Me parece que sí. Estas montañas están lejísimos del Polo —le dijo Blancanieve.

—¿Me dejaréis quedarme con vosotras y ser vuestro amigo hasta que llegue la primavera? —preguntó el oso—. Yo me ocuparé de traer miel de abejas para el desayuno.

Así que las hermanitas prepararon una cama para que el oso no tuviera frío por la noche y pasaron un invierno muy feliz.

Febrero

3 El enano pescador

Estaba Blancanieve paseando un día por la ribera del río, cuando oyó unos gritos tremendos.

—¡Auxilio! ¡Socorro! ¡Que alguien me ayude!

La niña vio en una barca a un enanito con una larga barba blanca en la que se había enganchado un pez.

—Ayúdame, niña. Date prisa, corre. ¿No ves que este pez me va a dejar sin barba?

Blancanieve, sacando unas tijeras del bolsillo, le cortó un trozo de barba y le dejó libre.

—¡Niña tonta! ¿Cómo se te ocurre cortar mi preciosa barba? —gritó el enano hecho una furia.

Asustada, Blancanieve salió deprisa y corriendo hasta que perdió de vista al antipático y maleducado enano.

4 El enano furioso

Otro día Rojaflor oyó unos chillidos en el bosque y quedó muy sorprendida al ver a un enano viejecito de larga barba blanca dando saltos encima de un tronco caído.

—¡Ayúdame, suéltame, rápido! ¡Se me ha enredado la barba y no puedo moverme!

Sin pensarlo, la niña sacó unas tijeras del bolsillo y le cortó al enano la punta de la barba, dejándole libre.

—¡Niña horrible, tonta de capirote! —le dijo el enano hecho una furia—. Te daré tal tirón de pelos que te quedarás calva.

Rojaflor huyó y no paró hasta llegar a casa.

5 El tesoro del enano

Estaban las niñas buscando setas cuando detrás de una piedra enorme encontraron un cofre grande como un baúl, lleno a rebosar de oro, perlas y piedras preciosas. De pronto, apareció el enano antipático con un garrote en la mano y, amenazándolas con él, gritó:

—¡Niñas estúpidas y ladronas! Esto es lo que andabais buscando, ¿no? Queréis quitarme mi tesoro, pero os vais a quedar con un palmo de narices porque no os dejaré tocar ni una sola perla. ¡Fuera de aquí! ¡Fuera, ahora mismo si no queréis que os rompa la cabeza!

6 El amigo oso llega a salvarlas

El enano corría tras ellas garrote en mano y, cuando ya las estaba alcanzando, apareció por sorpresa el oso blanco. Se levantó sobre sus patas traseras ante el repelente enano y, enseñando sus colmillos y mostrando las enormes uñas de sus patas de delante, le desafió a muerte. El chiquitajo, muerto de miedo, se arrodilló y pidió perdón a las niñas por haber sido tan maleducado y tan violento, y en un descuido del oso, salió huyendo a la velocidad del rayo.

Febrero

7 La sorpresa final

Las dos hermanitas abrazaban al oso que las había salvado de una buena paliza, cuando de repente... ¡la piel del oso blanco se cayó al suelo y dentro de ella apareció un príncipe vestido con un traje de seda y oro! Las niñas se quedaron completamente pasmadas de la impresión.

—No os asombréis tanto, amigas mías —les dijo el príncipe—. El malvado enano me convirtió en oso con un encantamiento para poder quedarse con las riquezas de mi reino. Ese cofre que habéis encontrado sólo es una pequeña parte de lo que me robó. Vosotras habéis roto el hechizo al darme cariño. Desde ahora viviremos en mi palacio.

La Dama de la Nieve

8 La viuda y el viudo

Una viuda con una hija decidió volver a casarse con un viudo que también tenía una hija. Las dos niñas eran de la misma edad pero, así como la hija del marido era muy guapa y muy buena, la hija de la mujer era más fea que Picio y más mala que un dolor de muelas.

Un funesto día, el papá de Rita se cayó del caballo y dejó a la niña huérfana. Desde ese momento, la madrastra la obligó a hacer todos los trabajos de la casa.

9 El pozo mágico

Rita también tenía que hilar con su rueca y su huso. Y tanto y tanto hiló, que los deditos le empezaron a sangrar y puso perdidos la lana y el huso. Entonces fue a lavarlos a un pozo que había en el patio, pero tuvo la desgracia de que, al inclinarse para llegar al agua, el huso y la lana se le escaparon de las manos.

La niña se puso a llorar desconsoladamente y, al caer sus lágrimas en las aguas del pozo, pudo ver la cara de una señora muy pálida y hermosa.

—¿Quién eres tú? —preguntó la niña.

—Soy la Dama de la Nieve y estoy aquí para ayudarte.

10 Rita, expulsada de su casa

Cuando le contó a su madrastra lo que había pasado, ésta se puso como una furia y le dijo:

—Eres una niña estúpida y una vaga que no te ganas ni lo que se te da de comer. Por si no lo sabes, ese huso que se te ha caído al pozo vale un montón de dinero. Eres capaz de hacer cualquier cosa por no trabajar, así que ya te estás marchando con viento fresco, que aquí no queremos verte más.

Febrero

11 Los panes tostados

Rita iba por el camino llorando como una Magdalena, cuando oyó unas voces que gritaban.

—¡Socorro, socorro, sácanos de aquí!

La niña miró por todas partes y en una revuelta del camino se encontró un horno donde había un montón de hogazas de pan cociéndose en las brasas.

—¿Sois vosotros los que pedís socorro? —preguntó.

—¡Sí, sí! ¡Sácanos de aquí, por favor, que nos estamos quemando!

Rita los sacó del horno y los dejó con mucho cuidado a un lado del camino.

—Muchas gracias —le dijeron los panes—. Como eres tan buena, nunca te faltará un pan para comer.

12 Las manzanas habladoras

Andaba Rita pensando en lo que le habían dicho los panes, cuando oyó que la llamaba un coro de voces de niñas.

—¡Oye, coletitas! ¡Acércate un poco, por favor!

Ella contestó enseguida.

—Decidme dónde estáis para que pueda ayudaros.

—¡Aquí, en el manzano!

La niña se acercó y vio que estaba lleno de manzanas.

—¡Hola! —la saludaron todas a la vez—. Sacude el manzano, por favor, porque vamos a romper las ramas.

Rita sacudió las ramas y todas las manzanas cayeron al suelo. Después la niña las juntó en un montón y siguió su camino.

13 La Dama de la Nieve

Luego Rita llegó a una casita construida con ladrillos de plata. Llevaba un buen rato admirándola, cuando una señora pálida, con el pelo blanco como la nieve, abrió la puerta y la miró.

—¡Buenas tardes, Rita! ¿Te acuerdas de mí?

—¡Claro! Usted es la señora del pozo.

—La misma. Ahora te vas a quedar a vivir en mi casa. Sólo tienes que hacer la cama y mover con fuerza el colchón, el edredón y las almohadas hasta que las plumas salgan volando. Cuando las plumas vuelan en mi casa, nieva en la tierra.

14 La vuelta a casa

Rita fue muy feliz viviendo allí. Pero un buen día la niña empezó a sentirse triste.

—¿Qué te pasa, niña mía? ¿Por qué estás tan callada y tan seria? —preguntó la señora.

—Es que echo de menos mi casa. Ya sé que no me quieren nada, pero es mi casa... Nací allí y ellas son mi única familia.

—Las niñas buenas como tú quieren a sus familias como debe ser.

Entonces la llevó a una puerta muy grande y, al pasar por ella, cayó sobre la niña un chorro de oro que la cubrió de los pies a la cabeza.

Febrero

15 La envidia no tiene recompensa

Cuando vieron el enorme tesoro que llevaba, la madrastra y la hermanastra recibieron a Rita con mucha alegría. Pero la envidia picaba a la hermanastra y no dejaba de preguntar a Rita la manera de llegar a la casita de plata. En cuanto supo dónde estaba, se puso en marcha para conseguir el mismo tesoro que Rita.

En el camino no quiso acercarse a los panes, ni bajó las manzanas del árbol y en la casa de plata no ayudó a la Dama de la Nieve. Se portó tan mal que, cuando fue a salir por la gran puerta, a la envidiosa muchacha le cayó encima tal cantidad de alquitrán, que tardó meses en quitárselo.

Día de campo

16 Pipa y Pipo

—¡Mamá, déjanos ir al campo a estrenar el coche que nos han traído los Reyes! Anda, mamá, *porfa*, no iremos muy deprisa... —rogaron Pipa y Pipo a su madre.

—¡Haced el favor de no darme más la lata! —contestaba la mujer.

La aburrieron tanto, que un buen día les dejó ir. Más contentos que unos cascabeles, salieron Pipa y Pipo dispuestos a pasar una tarde estupenda, con el coche cargado hasta arriba de bocadillos y cosas ricas.

17 De merienda en el bosque

Cuando llegaron a un claro del bosque, pararon el coche y cogieron la cesta en la que llevaban las cosas de la merienda.

—¡Qué comilona nos vamos a dar! —dijo Pipa.

—Esto sí que es vivir a lo grande —comentó Pipo.

Los dos niños se sentaron y pusieron a su alrededor los bocadillos y el termo con leche.

Estaban comiendo, encantados de la vida, cuando se levantó un soplo de viento que hizo que la tarde se pusiera un poco fresquita.

—¡Huy!, parece que hace frío. ¿No te parece, Pipo?

—Pues sí. ¿Y si hiciéramos una hoguera para calentarnos?

18 Fuego en el bosque

Hay cosas que no deben hacer los niños y una de ellas es andar con fuego, y menos si es en el bosque. A Pipa y Pipo, que tan bien habían recogido las sobras de su merienda y tan limpio habían dejado todo, se les olvidó algo importantísimo: se fueron a su casa sin apagar la hoguera que habían encendido. El soplo de viento que les hizo encender el fuego se hizo más fuerte y las llamas saltaron de la hoguera y prendieron en las zarzas, en las matas y en las hojas secas del suelo.

Febrero

19 Animalitos bomberos

—¡Oh, qué horror! —dijo un ratoncito de campo—. ¿Qué va a ser de nosotros?

—¡Seguro que nos quemamos! —exclamó un caracol que miraba el fuego aterrado.

—¡De quemarnos, nada de nada! —manifestó una ardilla, valiente como un león—. ¡Nosotros mismos formaremos nuestro propio cuerpo de bomberos!

La valiente ardilla se puso al frente del pelotón y, ayudada por los pájaros que iban llamando a todos los animalitos del bosque, formó en menos tiempo que se tarda en decirlo, una brigada de bomberos.

Y todos se dispusieron a apagar el incendio.

20 ¡Hay que salvar el bosque!

Las tortugas llevaban sobre el caparazón los cubos de agua que iban recogiendo las ardillas y los conejos. Las ranas saltaban de un cubo a otro señalando el sitio por donde iban las llamas. Los pájaros cantaban canciones de ánimo para subir la moral a los bomberos trabajadores. Y las mariposas les mostraban sus bellos colores para que descansaran los ojos del humo. Era algo muy hermoso de ver: todos los animalitos esforzándose juntos para que el lugar donde vivían no desapareciera.

21 ¡Niños a ayudar!

Pipa y Pipo volvían tan tranquilos a recoger su coche para regresar a casa, cuando un ratón de campo se les puso delante y muy enfadado les dijo:

—¿Sabéis, pedazo de zoquetes, la que habéis armado en el bosque? ¡Se os ha olvidado apagar la hoguera y todo está ardiendo!

—No os preocupéis, que ahora mismo vamos a ayudaros —le dijo Pipa—. ¡Vamos Pipo! ¡Niños a ayudar!

Y corriendo como trenes de alta velocidad, los niños se dirigieron al merendero, cogieron más cubos y se pusieron a ayudar a los animalitos.

22 La colaboración de las abejas

Los niños estaban muy tristes por el desastre. ¡Todos los árboles, todas las casas donde vivían los animalitos, todas las flores...! Por su culpa todo había quedado destruido.

De pronto, por el aire empezó a oírse un zumbido, como si un millón de diminutos aviones estuvieran volando sobre las llamas. Todos miraron al cielo y, llenos de asombro, vieron miles de abejas llevando en la boca hojas de árbol llenas de agua. Una vez encima del fuego, dejaron caer el líquido sobre las llamas que se apagaron al instante.

Febrero

23 Ya está todo arreglado

—¿Qué podríamos hacer para remediar todo este desastre? —preguntó Pipo a su hermana.

—Creo que sé lo que tendríamos que hacer —le contestó Pipa—. Deberíamos coger nuestros ahorros y comprar pinos y abetos para repoblar el bosque. Pediremos a papá y mamá que nos adelanten nuestros regalos de cumpleaños y con el dinero compraremos flores. También prepararemos nidos para los pájaros y limpiaremos los árboles que el fuego no ha quemado. Así podremos pagar el daño que hemos causado.

Diplomado en trasplantes

24 El terror de «El pueblo encantador»

En un pueblo precioso, tan precioso que se le conocía como «El pueblo encantador», había un niño malo como un pecado. Se llamaba Pablo. Todos los que vivían en aquel pueblo daban la vuelta a la calle si veían que Pablo venía por ella, las abuelitas se encerraban en sus casas, las mamás no dejaban solos a los más pequeños por miedo a que Pablo les hiciera daño y todos los animalitos del lugar corrían que se las pelaban nada más oír sus pasos.

25 Buscando al doctor Trasplantes

Los ángeles de la guarda de Pablo habían llegado a la conclusión de que el niño no tenía remedio y de que a su corazón le pasaba algo grave.

Halo y Mileno, que así se llamaban los ángeles, hablaban entre ellos buscando una solución:

—Tenemos que encontrar a alguien que pueda cambiarle el corazón —dijo Mileno—. Somos sus ángeles de la guarda y debemos hacer lo posible para volverle bueno.

—Se me ocurre una idea —le respondió Halo—: hay que hacerle un trasplante de corazón.

26 Pablo en la consulta

Cuando llegó a la consulta del doctor, Pablo estaba tan asustado que se le doblaban las rodillas. Le mandaron que se quitara la ropa y se sentara en un taburete. Entonces, el doctor en trasplantes cogió una lupa gigantesca y mágica, la acercó al pecho de Pablo y se quedó asombrado de lo que vio allí dentro.

—¡No me extraña nada que este niño sea una peste! —exclamó el doctor—. Tiene el corazón arrugado por una araña gigante que lo está envolviendo en su tela. Ya no le queda más que una pizca sin envolver. ¡Hay que operar! ¡Rápido!

Febrero

27 Tomando medidas para un corazón

Halo y Mileno pidieron la ayuda de algunos ángeles de la guarda del cuerpo de voluntarios, y entre todos se dedicaron a preparar lo necesario para la operación.

—Voluntario uno —llamó Mileno—, ve con el voluntario dos al almacén de corazones. Traed unos cuantos para encontrar el que tenga un tamaño que le sirva a Pablo.

—Vosotros, voluntarios tres y cuatro —pidió Halo—, intentad que a Pablo se le quite el miedo ese que no le deja ni respirar. Y has de saber, niño —dijo dirigiéndose a Pablo—, que el miedo es muy malo para esto de los trasplantes.

28 Voluntarios, ¡a trabajar!

Cuatro ángeles de la guarda del cuerpo de voluntarios llegaron volando después de haber trabajado como abejitas laboriosas. Habían conseguido todo aquello que el doctor necesitaba. Llevaban un montón de corazones, rojos, preciosos y nuevecitos. Los había de todos los tamaños, para que no hubiera ningún problema a la hora de escoger el que se le iba a trasplantar a Pablo. También traían un bote de transfusión angelical, para reforzar el trasplante y evitar que la horrible araña se volviera a colocar en el corazón del niño.

29 Ya estamos en el quirófano

—¡Manos a la obra! —dijo el doctor vestido con su bata de quirófano y su mascarilla.

Una enfermera, que parecía también un angelito de guapa que era, le traía en una bandeja un corazón reluciente y perfecto, justo del tamaño que necesitaba el niño.

El médico celestial miró el filo de la espada que iba a usar para la operación y mandó encender la lámpara que daría luz a la mesa del quirófano.

—¡Vamos, niño, a la camilla! —ordenó el cirujano a Pablo—. Y no pongas esa cara de susto que no es para tanto.

Pero por mucho que le dijera el buen doctor, el niño, que desde que llegó a la consulta del médico estaba pálido de espanto, miraba todos los instrumentos, sobre todo la espada, con los ojos fuera de sus órbitas.

Marzo

1 Todo un éxito

Quitarle el corazón malo y arrugado por la araña y cambiárselo por otro traído del cielo fue un éxito enorme. La operación salió de maravilla y los resultados del trasplante se vieron enseguida.

Andaba por allí un gato negro, con muy mal genio, que había perdido un ojo en una pelea y que, además, no dejaba que nadie se le acercara. En cuanto Pablo bajó de la camilla de operaciones, vio al gato, le llamó y el minino malas pulgas se subió de un salto a sus brazos y se puso a ronronear. Todos se emocionaron tanto que al buen doctor se le puso una sonrisa en la cara que le duró, por lo menos, cinco o seis días.

2 La atracción del pueblo

Pablo parecía otro niño, educado, cariñoso y servicial. Además, se le había despertado otra virtud: le gustaba curar a los animalitos que tenían alguna enfermedad o habían sufrido cualquier accidente.

De todos los pueblos de alrededor le traían conejos, perros, gallinas y todo tipo de animales para que los curara. Y se hizo tan famoso que hasta de las grandes ciudades iban a verle. Se convirtió en la atracción de «El pueblo encantador» y la gente preguntaba por él y sus animales en toda la comarca.

Directo a la Luna

3 El pequeño tren

En una ciudad pequeña y bonita había un parque de atracciones, como suele haber en casi todas las ciudades. Éste no era un parque excepcional, pero para los habitantes de la ciudad era el mejor del mundo porque allí se divertían tanto los mayores como los pequeños.

Tenía este parque un montón de atracciones, pero la que más les gustaba a los niños era un pequeño tren pintado con todos los colores del arco iris. Este tren lo conducía un viejecito que tenía un sueño: soñaba con poder ir con su tren a la Luna.

4 El trenecito volador

Un sábado las puertas del parque de atracciones se abrieron, como todos los sábados, a las diez de la mañana. Ese día había llegado una atracción nueva y los niños se entretuvieron con ella. Cuando se acercaron a la estación de salida del tren, no lo encontraron en su vía. De pronto, uno de los niños se puso a gritar señalando al cielo:

—¡Mirad, mirad! ¡Está volando! ¡El trenecito está volando!

Todos se quedaron mudos de asombro al ver que era cierto. El trenecito volaba y se dirigía derechito a la Luna.

Marzo

5 Volando hacia la Luna

El abuelito se sentía el hombre más feliz del mundo. Estaba lleno de alegría al contemplar aquella maravilla. ¡Estaba volando! Y mientras pasaba por el cielo, los globos de colores que adornaban el trenecito parecían decir:

—Nos vamos a la Luna. ¡Eh, vosotros que os quedáis ahí abajo! ¿No os gustaría venir con nosotros?

El abuelito miraba para abajo y veía los tejados de las casas de su ciudad. Y cuando miró hacia arriba, se encontró con la hermosa cara de la Luna, que llevaba una preciosa flor en la cabeza y le sonreía coqueta.

6 Un conductor astronauta

¡Arriba, arriba! El pequeño tren de colores estaba cada vez más cerca del cielo. Llegó un momento en el que las estrellas comenzaron a dejarse ver. ¡Qué gracia!, era de día y podía verlas perfectamente. Cuando el abuelo pasó a su lado, ellas le saludaron:

—Buenos días, señor. ¿Hacia dónde va conduciendo ese tren tan bonito?

—Voy hacia la Luna, señorita Estrella.

—Pues que tenga usted buen viaje.

Y mientras el abuelo hablaba con las estrellas, a sus pies el mundo se hacía cada vez más y más pequeño.

7 Luna lunera

—¡Bravo! ¡Hurra! ¡Estupendo! ¡Olé, olé y otra vez olé! ¡Ya estoy en la Luna! —exclamó el abuelito astronauta loco de contento.

Y era absolutamente cierto. Allí estaba, pisando la Luna. Pero lo más gracioso de todo es que la veía delante de él. Una cara de luna redonda, azul, sonriente, con ojos grandotes y pecas alrededor de la nariz. Bueno, cuando se fijó mejor, se dio cuenta de que lo que parecían pecas, eran cráteres. ¡Claro, los cráteres de la Luna!

—Señora Luna —le preguntó—, ¿me permite que recorra su superficie con mi trenecito?

8 Los habitantes de la Luna

Al poco rato, el abuelito se encontró con un montón de niños. Cada uno iba vestido de un color y llevaban en la cabeza gorritos de punta, como los que suelen llevar los enanitos de los cuentos. Todos estaban parados a un lado del tren y lo miraban embobados porque jamás habían visto nada parecido.

—¿Quiénes sois vosotros? —preguntó—. ¿Cómo es que estáis aquí?

—Nosotros somos selenitas —contestó uno de ellos—. Ése es el nombre que se nos da a los habitantes de la Luna. ¿Podríamos montar un ratito en tu tren?

—¡Por supuesto que sí!

9 La alegría de la Luna

Los niños selenitas gritaban de alegría y de emoción, y saltaban entusiasmados cada vez que el trenecito cogía un bache lunar. Mientras ellos recorrían todo el redondel de la Luna, ella se sentía feliz y contenta.

A veces el trenecito pasaba por algún lugar especial y la Luna sentía cosquillas. En esos momentos, ella se reía y se removía un poco y, a causa de estos movimientos, el trenecito daba pequeños saltos que divertían una barbaridad a los niños selenitas.

La señora Luna estaba muy satisfecha, y miraba encantada cómo el abuelito al mando de su tren de colorines daba vueltas y vueltas alrededor de su superficie.

10 De nuevo en la Tierra

Unas voces infantiles se dejaban oír en la lejanía:

—Perdónanos, abuelito, porque hemos llegado muy tarde. Nos entretuvimos con esa atracción nueva que han traído al parque.

—Pero no te creas que nos hemos olvidado de ti.

—Nunca nos olvidaremos del trenecito de colores.

Las voces le llegaban al ferroviario astronauta desde muy lejos.

De pronto, el sonido claro y cercano de la campana del trenecito le hizo abrir los ojos que el polvo lunar le había obligado a tener cerrados.

Y entonces se dio cuenta de que se había quedado dormido esperando que llegaran los niños.

Don Mago

11 ¿Por qué hay gente fea en los cuentos?

Esta historia sucedió en un hermoso país en el que todo era precioso. Todo... menos sus habitantes, que eran más feos que Picio.

Había un niño mago que no entendía nada.

—¿Por qué? —se preguntaba—. ¿Por qué en un sitio tan hermoso tiene que haber personas tan feas? A lo mejor, cuando se creó este país un hada mala tuvo envidia de todas las bellezas que le habían dado y decidió ponerle habitantes horrorosos para que no nos creyéramos lo mejor del mundo.

Y seguía dándole vueltas a la cabeza.

12 Los libros de magia

El niño mago se puso en contacto con todos los magos que había en el mundo para preguntarles qué clase de magia se podía hacer para conseguir que toda la gente fuese guapa. Pero desde el primero hasta el último, los hechiceros le aconsejaron que no debía hacer magia con las personas.

—Mira, pequeñajo —le dijo el mago más experimentado del mundo—, cada persona tiene la apariencia física que Dios le ha dado y sólo Él puede cambiársela. Olvida esa manía de querer que todo el mundo se ajuste a tu idea de la belleza y no te metas en cosas que pueden resultarte peligrosas.

Marzo

13 El hacedor de pócimas

El brujito, con un montón de libros abiertos por las páginas que le interesaban, cogió una olla enorme, la puso al fuego y empezó a trabajar sin parar ni un momento. Hizo pócimas y más pócimas, las hirvió y después..., se le ocurrió ponerle el zumo de un ratoncito.

—Creo que este último toque de zumo de ratón será definitivo —dijo muy satisfecho.

De esta manera estuvo días y días revolviendo la pócima, todo por puro amor hacia los vecinos de su país que, sin duda, se merecían ser un poco más guapos.

—Ahora me voy a dar un baño, que estoy un poco sucio del humo de la olla.

14 El mago desaparecido

Don Mago llenó de agua caliente una gran tina de madera, echó en ella jabón del que hace mucha espuma y se metió en el agua llena de burbujas.

—¡Oh, qué placer! Un baño bien caliente es capaz de resucitar a los dinosaurios.

De pronto... ¡plaf! Desapareció dejando la tina vacía. Todo el baño se llenó de burbujas y una, más grande que las demás, llevaba en su interior una especie de muñequito sentado. En un momento la burbuja hizo «puf», reventó y de ella salió rodando el mago más pequeño que se pueda imaginar.

15 Un mago encogido

Todo pasó porque, cuando los ratones del país vieron que el pequeño mago había sacado jugo de ratón para hacer su pócima, se enfadaron muchísimo y juraron vengarse. Pusieron unas gotas del brebaje en el agua del baño y como era una poción mágica que servía para hacer menguar a las personas demasiado altas, él se quedó pequeñito, pequeñito.

—Ahora —dijo uno de los ratoncitos— estás a nuestra merced. Pero en lugar de hacer contigo lo que los gatos hacen con nosotros, te meteremos en este jarrón, pues nosotros también queremos hacer experimentos.

16 El prisionero del jarrón

Era un jarroncito pequeño, pero él era más pequeño todavía y no tuvo otro remedio que meterse dentro, encogido y tiritando de frío. No había más solución que obedecer a los ratones que, en ese momento, eran para él seres gigantescos.

—¡Oh, cielos! —dijo llorando—. ¿Por qué se me ocurriría meterme a descubrir pociones mágicas? Por culpa de mis inventos me veo prisionero de los ratones. Ya me advirtió el más grande de los magos que estas cosas podían resultar peligrosas y no le hice caso.

17 Experimento para ratones

El prisionero no les quitaba ojo a los ratones. Le parecían muy sospechosas las cosas que hacían sus carceleros. Unos leían las páginas de los libros de magia, otros llevaban y traían frasquitos y jarrones pequeños como dedales, otro removía algo en un mortero... La verdad es que todo le parecía tan peligroso que no sabía qué hacer.

—Estoy arrepentido de haber echado zumo de ratón en mi pócima —se decía desconsolado—. Yo solamente quería conseguir que todo el mundo fuera alto, fuerte y guapo, y lo único que he logrado es estar aquí prisionero de los ratones.

El asunto estaba muy feo para el pequeño mago. Y eso que ni siquiera sabía que iba a convertirse en el principal ingrediente de un puré con el que los ratones estaban ensayando.

18 ¡Por fin salvado!

Don Mago estaba muy, muy asustado. En unos minutos sus captores le meterían en una gran olla y harían con él una pócima para usarla en alguna barbaridad propia de ratones furiosos.

Y entonces, cuando estaba a punto de formar parte de una poción que ni los ratones sabían para qué podría servir, el encantamiento desapareció y el niño mago pudo librarse de ser convertido en puré.

Pero de todo este desastre el brujito aprendió una lección muy importante: nunca hay que intentar cambiar lo que Dios ha hecho.

El cocinero

19 El cocinerito sucio

Había un pequeño pueblo en la costa que sólo tenía siete casas, una tienda donde se vendía de todo y un restaurante.

Quico era el nombre del cocinero del restaurante.

Hacía un arroz, al que llamaba «Arroz a la cochambrosa», que gustaba mucho a sus clientes. Lo que no sabían es que Quico no les quitaba las tripas a los calamares ni las babas a los caracoles; tampoco lavaba los pimientos ni los tomates, y su cocina estaba tan sucia que los ratones iban todos los días a tomar en ella las cuatro comidas reglamentarias.

20 Con plumas y todo

Un día preparó un pollo de corral como plato principal del menú. Pero Quico además de sucio era un perezoso, así que para ahorrarse el trabajo de desplumar al animal, lo coció entero, luego pasó por un colador el caldo lleno de plumas, arena y porquerías, y con él elaboró la salsa del guiso.

No sólo los ratones paseaban a sus anchas por la cocina; también había moscas, arañas, gusanos y hasta una colmena de abejas que se habían quedado a vivir allí desde el invierno.

Lo extraño de todo esto es que los clientes no protestaban. A lo mejor es que, a pesar de todo, las comidas estaban ricas.

21 ¡Menudas ensaladas!

Durante el verano los clientes pedían a Quico muchas ensaladas. Pero como había que limpiar las verduras, y eso al cocinero no le apetecía nada, inventó un sistema para ahorrarse el trabajo: cortaba los pepinos, los tomates y las lechugas una vez a la semana y, sin lavarlos, los metía en un barreño de donde los iba sacando según se lo pedían. También le echaba a la ensalada unas aceitunas rellenas, pues eso no requería más esfuerzo que abrir el bote, pero no reparaba en que llevaban caducadas meses e incluso años.

Un día fue a servir una de estas ensaladas y, antes de salir de la cocina, él mismo vio lo que llevaba en la fuente: algún que otro gusanito asomando entre la lechuga.

22 La rebelión de los bichitos

Estaba Quico sacando una tarta para llevarla a una mesa, cuando de pronto, salió un gusanito del pastel y dio un silbido que sacó de sus escondites a todos los habitantes de la cocina.

—¿Te parece bonito, so cochino? —le dijo a Quico con cara de enfado—. No me importa que les sirvas a los clientes porquerías para comer. Pero es que un día, de un bocado, nos van a partir a nosotros por la mitad y eso ya no me gusta nada de nada. Así que hemos decidido que estamos hartos de tus porquerías y de tu suciedad. Por eso te vamos a castigar, ¡marrano!

23 El castigo de Quico

La cocina se llenó de ratones, gusanitos, abejas... Y entre todos llevaron hasta Quico manzanas podridas, bocadillos de mortadela con más años que Matusalén, chocolate roído, pan mohoso, lechuga pasada, una tarta que servía de casa a los gusanitos y un montón de porquerías que nadie podía imaginar que pudieran formar parte de la despensa de un restaurante.

—Y esto —le dijo el gusanito en tono burlón— te lo vas a comer todo. Para que te enteres de una vez de lo bien que sientan los «manjares» que les sirves a los pobres veraneantes.

24 Comer hasta reventar

—¡Por favor os lo pido! —les rogaba Quico a todos los bichitos de su cocina—. ¡Ya no puedo más!

Y es que le habían hecho comer: dos pollos, un perol de sopa de cocido, siete sardinas estropeadas, calamares fritos del año de la polca, once manzanas con agujeros de gusano, una docena de pasteles rancios y muchas más porquerías.

Quico, sentado en un taburete, sudaba la gota gorda porque, de verdad, ya no le cabía ni una miguita más. Así que el estómago del cocinero cochino se inflaba y se inflaba, como si fuera un globo a punto de reventar.

25 ¡Qué enfermito está Quico!

Quico estaba tan hinchado que los bichitos empezaron a preocuparse seriamente por su salud.

—¡Eh!, un momento —dijo un ratón—. No le podemos dar nada más porque si le seguimos obligando a comer su repugnante comida se va a envenenar del todo. Creo que deberíamos darle, por lo menos, tres frascos de aceite de ricino.

—¿Y eso qué es? —preguntó una araña pequeñita que no sabía casi nada de la vida.

—Una medicina que sabe fatal y que hace que se deshinche la tripa —le informó el ratón sabihondo.

26 Un final feliz

Los bichitos de la cocina le dieron a Quico una lección que nunca olvidaría. Aprendió tanto con aquel escarmiento que desde entonces no volvió a hacer porquerías con las cosas de comer. Mantenía su cocina tan limpia que, como suele decirse, se podía comer la sopa en el suelo. Aprendió a cocinar tan bien y con tanto cuidado que ganó muchos concursos de gastronomía y el pueblo de veraneo comenzó a llenarse de gente que acudía sólo para probar los deliciosos platos que preparaba Quico.

Y los bichitos que le habían dado tan dura lección vivían a cuerpo de rey en unas habitaciones que les había preparado su víctima... bien lejos de la cocina.

El gato con botas

27 La herencia del hijo pequeño

Había una vez un viejo molinero que al morir dejó en herencia al más pequeño de sus hijos un gato gris.

—¿Qué haré yo en la vida si todo lo que tengo es un gato? —se preguntaba el hijo pequeño.

—¡Señor!... ¡Señor! ¡SEÑOR!

—¿Quién me llama «señor»?

—Yo, señor —contestó el gato.

—¿ Tú? ¿Un gato que habla? ¡No puede ser!

—¡Claro! Y voy a decirte que si consigues unas botas para mí, verás las cosas que puedo hacer en tu favor.

28 El gato casamentero

Iba el gato paseando por el campo, contento y elegantísimo con sus botas, cuando en su camino encontró un pajar y en el pajar vio un montón de sacos.

—Esto es lo que más necesito en este momento —dijo el gato. Y cogiendo un saco salió a respirar aire puro y a contemplar el maravilloso paisaje. Mientras iba andando, pensaba y pensaba en la manera de hacer rico a su amo.

—Sé perfectamente lo que quiero para mi dueño: ¡quiero casarle con la hija del rey!

29 El gato cazador

El gato con botas pasó por un sembrado en el que no quedaban más que unas espigas de trigo y una zanahoria. Cogió las dos cosas y se fue a un bosque que estaba muy cerca. Allí encontró un árbol que tenía un agujero. Colocó la bolsa junto al árbol, con la zanahoria y las espigas dentro, y se metió en el agujero a esperar.

Estaba tan quieto (como sólo saben estar los gatos cuando van de caza) que un conejo gordo y orondo que pasaba por allí no se dio cuenta de que le estaban acechando y, como un tonto, se metió en el saco para comerse la zanahoria.

Con un rápido movimiento, el gato gris cerró la bolsa y dejó al conejo atrapado dentro.

30 El gato ante el rey

Con el conejo bien atado, el gato se presentó a las puertas del palacio real.

—Guardia —dijo con voz poderosa—, quiero ver a su majestad el rey.

El guardia le llevó a la sala del trono.

—Majestad —le informó el gato—, vengo de parte de mi amo que os envía este conejo, uno de los miles que hay en sus campos.

—¿Cómo has dicho que se llama tu amo?

—¡El marqués de Carabás! —respondió con gran cortesía.

31 El gato imaginativo

Tras abandonar el palacio, el gato con botas fue en busca de su amo.

—Amo, he decidido que debes casarte con la hija del rey.

—¿Y cómo un pobre hombre como yo se va a casar con una princesa?

—Hoy a las doce en punto tienes que desnudarte y meterte en el río y, pase lo que pase, tú no digas nada.

El muchacho, que no entendía de qué iba la cosa, obedeció al gato y se metió en el agua.

Abril

1 El gato ingenioso

En su visita al palacio real, el gato se había enterado de una costumbre que tenía el rey: todos los días a las doce en punto de la mañana pasaba en su carroza de oro por el puente que había sobre el río.

Escondido detrás de un árbol, el gato esperó la llegada del monarca y, en el momento en que divisó a los caballos que tiraban del carruaje, salió de su escondite con la velocidad del rayo y empezó a gritar:

—¡Ayuda! ¡Socorro! ¡Mi señor, el marqués de Carabás, ha sido asaltado por unos ladrones! ¡Los muy bandidos han aprovechado que se estaba bañando y le han robado todas sus ropas! ¡Que alguien le ayude! ¡Socorro!

2 El pobre se convirtió en marqués

Al oír los gritos del astuto gato, el rey mandó parar el cortejo y, bajando de su carroza, se acercó al río. Cuando vio al hijo del molinero metido en el agua, desnudo como su mamá le había traído al mundo, empezó a dar órdenes a sus servidores.

—¡Marchad al palacio y decidle a mi ayuda de cámara que traiga los más ricos ropajes de mi armario para vestir al marqués de Carabás! ¡Vamos, deprisa!

Al poco tiempo, el hijo del molinero estaba resplandeciente, vestido con un traje del rey que le sentaba de maravilla. ¡Parecía un marqués de verdad!

3 ¡Y todos comieron perdices!

Muy contentos regresaron todos a palacio. El rey, cuando vio lo guapo que estaba el joven, se quedó convencido de que se trataba del marqués de Carabás.

Como el prodigioso gato le había contado que era el propietario de montones de tierras, el monarca decidió casarle con su única hija, la princesa Florlinda.

Y así fue: el gato con botas, usando su ingenio, consiguió hacer de su amo un príncipe rico y feliz. Y, cuando pasados los años, el hijo del molinero se convirtió en rey, nombró a su gato Gran Chambelán.

El niño guapito

4 El más creído de la ciudad

Desde que Juan Luis nació, toda la familia no paraba de decir:

—Mira que es precioso este niño. Nunca he visto uno más bonito.

Y cuando tenía cinco años no hacía más que oír:

—¡Qué belleza! ¡En la vida se ha visto un niño más guapo!

Y de tanto oírlo Juan Luis se volvió tonto perdido, pues creía que era el más guapo del mundo.

Un día le llamó una de sus amigas para invitarle a su cumpleaños.

Abril

5 Vestido como un modelo

Debió de tardar en arreglarse unas dos horas, por lo menos. Se cambió de vestimenta un montón de veces, se peinó y repeinó, se miró al espejo sin parar y, cuando por fin se vio superguapo, salió a la calle camino de la casa de su amiga, sin olvidar, por supuesto, un regalo de cumpleaños envuelto en un papel precioso y un ramo de flores.

Su perro le acompañaba, cosa bastante absurda porque un perro no tiene nada que hacer en una fiesta, pero es que el animalito iba tan emperifollado como su amo y era de una raza buenísima, por eso a Juan Luis le gustaba presumir de mascota.

6 El regalo de cumpleaños

Juan Luis entró en casa de Reyes, una niña monísima que, como todas, estaba emocionada con el guapito de cara.

—Muchas felicidades, Reyes —saludó muy educado—. Te he traído un regalo de cumpleaños (mucho mejor que los que te han traído los demás, desde luego). Te lo he comprado en una tienda fantástica. ¡Fíjate!, hasta el papel es de lo más elegante. También te he traído unas flores como agradecimiento a tu invitación. Me parece que he debido de llegar un poco tarde porque ya veo por las serpentinas y el confeti que ha empezado la fiesta.

—No te preocupes, Juan Luis. Total ¿qué importa una hora de retraso? ¡Vamos al salón a bailar!

7 ¡Todos a bailar!

El salón estaba animadísimo. Había un montón de niñas y niños pegando saltos y moviendo los brazos como aspas de molino. La música sonaba a todo volumen, los globos flotaban por el aire chocando con los bailarines de vez en cuando, y Juan Luis estaba algo fastidiado porque, aunque era divertido bailar, no le hacía ni pizca de gracia que cada uno estuviera a lo suyo y ninguna de las niñas se acercara a mirarle con ojitos de admiración.

8 La tontería no tiene límites

Harto ya de que sólo le hiciera caso Reyes, y como era tonto perdido, sólo se le ocurrió sacar un cigarrillo, encenderlo y ponerse a fumar.

—¡Qué mayor, fuma y todo! —exclamó Reyes.

En cuanto se oyeron estas palabras, todas las niñas dejaron de bailar y se acercaron a Juan Luis embobadas viendo cómo echaba el humo por las narices.

Y él, queriendo demostrar que era un gran fumador, se metió en los pulmones más de medio cigarrillo de tabaco negro, mientras su perro le miraba como diciendo:

—¡Mira que es bobo este chico!

9 Fumar es malo para la salud

A Juan Luis le pareció que la habitación empezaba a dar vueltas y más vueltas, que los niños se volvían borrosos, que el estómago se le ponía en un sitio rarísimo y que el suelo se movía bajo sus pies.

Antes de enterarse de qué era lo que le pasaba, se encontró sentado en el suelo. Se sentía tan mal, tan mal, que estaba seguro de que se iba a morir allí mismo. A las niñas les hizo gracia porque creían que lo estaba haciendo de broma, pero su perro, que como todos los perros tenía un olfato estupendo, reía detrás del niño, pues sabía que lo que le pasaba a Juan Luis era que tenía un buen mareo.

10 En ayunas y sin salir de la cama

Llamaron al médico de urgencias porque los padres de Reyes, al ver el color verde guisante que se le había puesto a Juan Luis, se imaginaron que le había dado un cólico tremendo.

El doctor dijo que lo que tenía el jovencito era una intoxicación de mucho cuidado y que tendría que estar en la cama sin comer nada de nada, por lo menos tres días.

—¡Oh, cielos! —pensaba el niño guapito metido en la cama y con cara de acelga—. ¿Qué dirían mis amigas si me vieran en este estado?

11 Además de tonto, burro

Juan Luis ya estaba curado. El color verde guisante había desaparecido de su cara y él volvía a ser el muñeco de la ciudad.

Pero llegó la hora de los exámenes en el colegio y, claro, como se había pasado horas mirándose al espejo, probándose trajes, haciendo conquistas entre las niñas y luciendo su belleza por el paseo, no tuvo ni media hora diaria para estudiar y se ganó una calabaza como una casa.

Por eso le pusieron un adorno precioso que entonaba perfectamente con los pantalones que llevaba aquel día: unas hermosas orejas de burro de color gris.

El pez y su mamá

12 Un día de pesca

Marilú vivía en una granja, lejos del pueblo. Su mejor amiga era una gata que entendía todo lo que Marilú le decía y que siempre estaba dispuesta a correr aventuras con su ama.

Una mañana, la niña decidió que irían al río y le dijo a su gata:

—Oye, Tuti, ¿no te gustaría pescar una trucha para comerla asada en las brasas?

Tuti se puso a dar saltos de alegría.

—Pues bien, vámonos de pesca.

Abril

13 Manos a la obra

Iban la niña y la gata paseando por la orilla del río, cuando Tuti se paró, estiró el cuello, puso las orejas medio agachadas y señaló con una patita una poza que, según ella, debía de estar hasta arriba de truchas.

Marilú cogió la caña, enganchó una lombriz al anzuelo y le dijo a la gata:

—Vamos, Tuti, en cuanto lance el sedal, coge tú la parte de abajo de la caña. Así haremos fuerza las dos juntas y sacaremos el pez en cuanto muerda el anzuelo.

14 A tirar de la caña

De pronto, la caña empezó a dar tirones y el hilo de pescar rodaba por el carrete que daba gusto verlo. Se llevaba el anzuelo río abajo.

—Sujeta bien, Tuti —dijo la niña—. Yo tiraré de la caña con todas mis fuerzas. Me parece que hemos cogido un pez enorme.

Y haciendo gala de una gran fuerza y habilidad, poquito a poco fueron acercando el anzuelo, donde seguro que había picado una pieza extraordinaria.

15 ¡Qué buena pesca!

Cuando el pez estaba casi en la orilla, Marilú y Tuti tiraron con todas sus fuerzas de la caña. La sorpresa que se llevaron fue morrocotuda. ¡Nunca imaginaron que pescarían un pez tan grande!

—Tuti, fíjate. ¿A que no has visto un pez igual en toda tu vida?

Tuti daba saltos de alegría imaginándose el banquete que se iban a dar con ese enorme pescado.

—Tuti, tengo una duda. ¿No crees que este pez no se parece nada a una trucha? —preguntó Marilú.

16 El pequeño pececito

Cuando iba a meter el pez en la cesta de guardar los peces, Marilú, encantada, vio que era tan grande que no cabía en ella, así que se la echó al hombro, colocó a su lado la caña y con la mano libre cogió el pez por la cola. Y así, se dispusieron las dos a marchar hacia el lugar en el que prepararían la suculenta comida. Entonces escucharon una vocecita llorosa:

—¡Por favor, por favor, no se la lleven! Es mi mamá y si se la llevan me quedaré huerfanito.

Abril

17 El huerfanito del río

Mirando entre los juncos del río, la niña pudo ver a un pececito color de rosa llorando con una pena que partía el corazón. Marilú se quedó pasmada al oír hablar a un pez, sobre todo a un pez tan pequeñito. Tuti también se sorprendió bastante al ver semejante espectáculo: un pez rosa, casi tan grande como ella, colgando de la mano de su ama y soltando unos lagrimones del tamaño de las canicas, y una pizca de pececito, del mismo color, con medio cuerpo fuera del agua, llorando también a moco tendido.

18 Juntos otra vez

Ella era una niña con muy buen corazón y no podía, de ninguna manera, separar al bebé pez de su madre.

—No te preocupes, pequeñín. Voy a devolverte con tu mamá ahora mismo —le aseguró Marilú.

Y cogiendo con mucho cuidado a la mamá pez, la colocó al lado de su hijito sobre el agua del río.

Tuti no estaba de muy buen humor. Un gato siempre es un gato y esta gata no entendía muy bien por qué el llanto de esos dos peces tenía que dejarla sin su comida.

19 Todos tan contentos

—Mita, Tuti —reprochó la niña a su gata—. Piensa que es mucho mejor que el bebé esté con su mamá. ¿No te parecería horrible dejar al pobrecito huérfano para que nosotras tuviésemos una buena cena?

Los peces también estaban felices y dieron las gracias a la niña y a su gata, saltando en el río como si fueran delfines.

—¿Sabes una cosa, Tuti? —preguntó Marilú—. Como has sido generosa, voy a abrir para ti una lata de sardinas y de postre tomaremos un helado. ¿Te parece bien?

El rey Midas

20 El rey avaro

Hace muchísimos años, vivía en un reino alejado de la civilización el rey más ambicioso y avaro de la Tierra. Lo único que le importaba era tener montones y montones de monedas de oro que guardaba en una habitación secreta. Lo peor que tenía este rey es que no le importaban nada en absoluto los habitantes de su reino, que casi todos eran pobres y no tenían casi ni para comer.

21 El mago Potagio

El rey mandó llamar al mago más sabio del reino y le dijo:

—Quiero que consigas que mis riquezas se multipliquen por cien.

—¿Acaso vas a usarlas para que tu pueblo sea más feliz? —preguntó el mago.

—Bueno... ya veremos —le respondió el rey.

—Piensa, rey Midas —dijo el mago—, que lo que tú hagas por los demás te será devuelto al ciento por uno.

—Si yo no quiero que me devuelvan nada. Sólo quiero que me multipliques por cien lo que tengo ahora.

—¿Alguna cosa más?

—Concédeme que todo lo que toque se convierta en oro.

22 La locura del rey Midas

—¿Estás seguro de desear eso?

—¡Sí, sí! Sería lo que más ilusión me haría en esta vida —contestó el monarca.

—Ya que eres la persona más necia, mentirosa, malvada y roñica del mundo, te voy a dar lo que pides. Para tu desgracia, desde este momento, todo aquello que roce tu cuerpo se convertirá en oro macizo.

Y lanzando una carcajada que ponía los pelos de punta, el más grande de todos los magos del universo desapareció por arte de magia.

23 ¡Oro, oro, todo es oro!

Cuando el rey bajó al lugar donde escondía su tesoro, encontró que el sótano entero estaba lleno hasta el techo de riquezas imposibles de contar.

—¡Oh, qué felicidad la mía! Soy el rey más rico que existe.

Y después de dar diez o doce volteretas entre sus joyas, se fue a atrancar un portón inmenso que cerraba la entrada del sótano. Cuando tocó el portón, éste se convirtió en oro puro y, entonces, su avaricia se volvió más grande que nunca y, riendo como una manada de hienas, subió hacia el comedor porque tanta emoción le había dado mucha hambre.

24 Comienzan las desgracias

Se sentó en la silla y, al momento, ésta se convirtió en oro; apoyó las manos en la mesa y, en un instante, también se convirtió en oro; cogió un vaso... y oro; tomó entre sus manos un pollo asado... y más oro.

¡No podía comer! ¡No podía beber! ¡Todo lo que tocaba se convertía en oro purísimo!

—¡Oh, cielos! Yo quería tener oro, pero el oro no se puede comer, ni beber —se quejaba el rey Midas—. Es maravilloso tener tanto oro, pero tengo que encontrar alguna solución porque a este paso me voy a morir de hambre.

25 La desgracia absoluta

El rey se pasó la noche despierto pensando en las palabras que le dijo el mago antes de desaparecer.

—Me dijo que para mi desgracia todo lo que tocara se convertiría en oro —dijo muy triste el rey—.

¡Qué razón tenía el mago!

—¡Papá, papá! —llamó la princesita que se acercaba corriendo a besar a su padre.

—¡No, hijita! ¡No te acerques a mí, por favor, no te acerques!

Pero ya era tarde. La princesita no había oído a su padre y, en el mismo momento en que le daba un beso, se convirtió en una estatua preciosa de oro puro.

26 El rey arrepentido

De rodillas en su suelo de oro y llorando a lágrima viva, el rey, tremendamente arrepentido, llamó al mago:

—¡Mago, escúchame, mago! Por favor, permite que todo vuelva a ser como antes. Todo lo que toco se convierte en oro. ¡Hasta mi querida hijita se ha transformado en una estatua de oro! Devuélvemela en carne y hueso, por favor. Si me ayudas, yo te prometo que repartiré todos mis tesoros con la gente del pueblo.

27 Oro para todo el pueblo

El rey Midas cambió completamente su manera de ser. Después de haber pasado por aquel momento espantoso, se dio cuenta de que el oro no servía para nada si no se compartía con las personas necesitadas.
Entendió que sólo con la riqueza no se consigue la felicidad, y que desear tener más y más tesoros dejaba el corazón seco y duro. Se enteró de que los habitantes de su reino pasaban hambre y que no tenían dinero ni para comprar ropa. El rey Midas se encargó personalmente de repartir sus riquezas con ellos y así, siendo generoso, conoció la verdadera felicidad.

El mago de Oz

28 La gran tormenta

Un buen día, Lara salió de paseo con su perrito Tete.
Aquella mañana estaban los dos charlando con dos flores que la fantasía de la niña había convertido en princesas hechizadas por un hada malísima, cuando de repente se puso a llover a cántaros y una nube, negra como un tizón, se les colocó encima de la cabeza y les mandó un viento muy fuerte que se los llevó volando hasta un lugar desconocido y extraño.

29 El espantapájaros

Empezaron a andar por el lugar desconocido y casi se tropiezan con un espantapájaros que en vez de estar en medio de un sembrado, que es donde tendría que estar, iba a la pata coja por el camino.

—Eres un espantapájaros muy raro —le dijo Lara—. Deberías quedarte quieto y no salirte del lugar donde trabajas.

—Es que yo no soy un espantapájaros normal. Yo tengo un corazón, lo que pasa es que no puedo oír sus latidos y eso me da muchísima pena. ¿Podríais acompañarme a ver al mago de Oz? Seguro que con su magia conseguirá que mi corazón suene como un reloj.

30 El león cobardica

Y allá que se fueron en busca del mago que podía arreglarlo todo, cuando de pronto, se encontraron cara a cara con un león enorme. Se pegaron un susto morrocotudo. La niña, el perro y el muñeco de paja saltaron para un lado dando un grito, y el león saltó para el otro lado, dando otro grito y temblando como un flan de gelatina.

—¡Eh, tú! —le reprochó Lara—. Aquí los únicos que nos podemos asustar somos nosotros. ¿No ves que eres el rey de la selva?

—Perdón, perdón —dijo el león dando diente con diente de puro miedo—. Es que soy un león tan miedoso que hasta los ratones se ríen de mí.

Mayo

1 La serpiente silenciosa

A Lara le dio tanta pena ver a un león tan grande muerto de miedo que le invitó a que les acompañara a ver al mago de Oz.

—Muchas gracias, niña y compañía. Con mucho gusto iré con vosotros. Si ese mago puede volverme valiente, os lo agradeceré toda mi vida —dijo el león.

De pronto, los cuatro peregrinos oyeron una voz tan finita que parecía un silbido.

—¡Eh, hagan el favor de mirar dónde ponen los pies!

Quien les hablaba era una serpiente de cascabel que debía de medir cuatro metros por lo menos.

—No me funciona el sonido y no me gusta nada tener que morder a alguien. Pero si no aviso, me pueden matar de un pisotón.

—Pues venga con nosotros a visitar al mago de Oz.

2 Camino del castillo

El camino que debían recorrer para llegar hasta donde vivía el mago era larguísimo.

Era ya mediodía cuando los cinco caminantes dejaron el valle donde se habían conocido. Descansaron un rato y empezaron a subir unas montañas enormes. Cuando se hizo de noche, divisaron a lo lejos un castillo en lo alto del pico de la montaña más alta.

Entre todos iban animando al león, que era el único que se asustaba por cualquier cosa, ya que era muy cobarde.

Por fin, llegaron al castillo del mago de Oz con la esperanza de que solucionara todos los problemas de los tres nuevos amigos de Lara y Tete.

3 En presencia del mago

La puerta del castillo estaba abierta, pero en las cien habitaciones no vieron ni a un criado ni a nadie.

—Chicos —preguntó Lara—, ¿habéis oído alguna vez que un mago tan importante no tenga a nadie para que le sirva?

—¿Y para qué quiero yo servidores? —contestó una voz que parecía venir de todos los sitios a la vez—. Yo soy un mago muy importante y no necesito a nadie que me ayude. Decidme, ¿qué queréis de mí?

Lara, que era la que mejor hablaba de los cinco, le explicó la historia de sus tres nuevos amigos y cuál era el favor que le pedían al gran mago de Oz.

4 La magia del mago de Oz

Entonces apareció en la mano del mago una botella, y cuando quitó el corcho que la tapaba, empezaron a salir de su interior pompas de jabón azules. Las pompas envolvieron al espantapájaros, al león y a la serpiente de cascabel y, en un momento, los tres consiguieron lo que deseaban: el muñeco de paja se convirtió en un niño de verdad, con un corazón que palpitaba a toda máquina; el león olvidó todos sus miedos y se volvió valiente y poderoso; la serpiente recuperó el sonido de sus cascabeles, y Lara y Tete se llenaron de alegría al ver que sus amigos habían recibido todo lo que deseaban.

5 El despertar de Lara

—¡Adiós, Lara! ¡Adiós, Tete! ¡Adioooós...!

Lara oía desde muy lejos las voces de sus nuevos amigos que se despedían.

—No es posible —pensó—. No pueden oírse desde tan lejos si están aquí, a mi lado, en el castillo del mago de Oz.

Y de pronto, vio la cara redonda de la luna que parecía mirarla sonriente. Seguía siendo de noche, pero ella no estaba en el castillo. Se encontraba en el campo, sentada en el suelo, reposando la cabeza sobre una roca.

¡Todo había sido un sueño!

Gulliver en Liliput

6 Un muchacho aventurero

Gulliver no podía estar mucho tiempo en el mismo sitio. Siempre estaba pensando en correr aventuras, en conocer mundo, en pelear con los piratas y en salvar princesas prisioneras.

Era huérfano y, a pesar de su corta edad, ya se ganaba la vida trabajando en la herrería del pueblo. Podía hacer ese trabajo porque era un muchacho alto y fuerte, y se necesita mucha fuerza para ser el ayudante del herrero.

Además, siempre tenía un hambre tremenda y se pasaba el día comiendo; por eso crecía sano, fuerte y trabajador.

7 La tempestad

Una tarde se fue a pasear por el puerto y vio un gran velero mercante que se disponía a hacerse a la mar. Pidió hablar con el capitán y le preguntó:

—¿Hacia dónde va esta nave, señor?

—Navegaremos rumbo al norte de Europa. ¿Te interesaría enrolarte?

A los pocos días de navegación se levantó una fuerte tormenta que hizo naufragar el barco, y Gulliver se encontró solo en medio del agua, agarrado a un trozo del palo mayor que le servía de flotador.

8 El pequeño pueblo

Pasaron dos días y dos noches. Gulliver no había dormido, ni comido, ni bebido. Resistía gracias a su fuerza, pero estaba llegando al límite de lo que podía soportar. Ya no podía luchar contra las olas, así que se dejó arrastrar por ellas y éstas le fueron llevando poco a poco hacia la tierra que pronto empezó a ver en la lejanía. Al amanecer del tercer día divisó la costa.

Lleno de asombro vio que cerca de la playa se levantaba un pueblecito con casas pequeñísimas. Todo en ese pueblo era diminuto: las casas, los árboles, los caballos, los carros... Todo era tan pequeño que parecía un pueblo de juguete. Se quedó arrodillado en el agua, encantado con aquella preciosidad.

—Esto debe de ser el juguete de la hija de algún emperador —dijo Gulliver hablando consigo mismo.

9 Los enanitos enfadados

Enseguida se dio cuenta de que no era de juguete; de hecho había gente pequeña que trabajaba sin parar. Lo raro es que en las casas y en el mercado sólo había mujeres.

—¿Dónde se habrán metido los hombres? —se preguntó Gulliver?

Se puso de pie para ver la isla desde lo alto y, de repente, se le echaron encima cientos de enanitos, que en un momento le ataron con un montón de cuerdas muy finas sujetas a unas estacas clavadas en la tierra, y le dejaron aparcado en la playa, sin poder moverse.

10 En presencia del rey

Harto ya de estar tirado en la playa, Gulliver se dirigió al jefe:

—Vamos a ver, capitán...

—¡Ohhhh, sabe hablar! —le interrumpió todo el pueblo a la vez.

—Claro. Soy igual que vosotros, sólo que más grande.

—Está bien —tomó la palabra uno que llevaba una corona de oro—. Soy el rey y esto es Liliput. Ahora dime tú quién eres y de dónde vienes.

Gulliver le contó todo lo que le había pasado.

—Voy a hacerte una proposición —le dijo el rey—. Si nos ayudas en las guerras contra los piratas, te dejaré libre y te daré una buena recompensa.

11 La batalla contra los piratas

Gulliver se metió en el mar y enseguida se encontró con los barcos de los piratas. Eran cinco barcos llenos de gente minúscula con aspecto feroz y armados hasta los dientes. Las naves también iban armadas con cañones tan pequeños como cerillas que a él le daban mucha risa.

—¡Bueno, vamos a empezar la faena! —dijo Gulliver dando voces tremendas a los piratas—. ¡El rey de Liliput me ha dicho que no quiere volver a veros por aquí, enanos ladrones! Desde este momento yo soy el encargado de mantener la paz en estas playas. ¡Así que fuera ahora mismo!

12 La victoria de Gulliver

Una vez terminada la batalla, Gulliver volvió a las playas de Liliput. Allí le esperaban el rey y todo el pueblo que le pusieron collares de flores y le aclamaron:

— ¡Bravo! ¡Viva! ¡Arriba el campeón! ¡Gulliver es el mejor!

— Gulliver, amigo mío —le dijo el rey—. Nos gustaría que pasaras una temporada con todos nosotros. Así podríamos demostrarte nuestro agradecimiento.

Y Gulliver, que era un chico muy educado, aceptó la invitación y se quedó una temporada con sus amigos pequeñitos.

Mayo

13 El regreso a casa

Pasadas unas semanas, Gulliver se fue a palacio a ver al rey.
—Oye, majestad —le comunicó al monarca—. Yo estoy aquí estupendamente y os quiero muchísimo a todos. Pero..., verás, echo de menos mi país y me gustaría regresar.
—Si eso es lo que quieres —replicó el rey—, que así sea.
EL monarca mandó que todo el pueblo se pusiera a construir un gran barco y cuando estuvo terminado, Gulliver se despidió de todos y, después de izar el ancla, se hizo a la mar mientras sus pequeños amigos le decían adiós agitando sus pañuelos.

La ballena alegre

14 El pescador más joven del pueblo

En un pequeño pueblo vivía Goyo, un niño pescador que salía todas las mañanas con su pequeña barquita a echar el anzuelo y probar suerte en el arte de la pesca.
Hacía algunos días que los pescadores hablaban entre ellos de los pocos peces que quedaban, y al ver que Goyo se disponía a salir al mar le dijeron:
—Goyo, nos parece que pierdes el tiempo. A doscientos metros de la salida del puerto hay unas olas tremendas que espantan toda la pesca.

15 Maremoto inesperado

Cebó su anzuelo y lanzó la caña. Entonces, una ola tremenda casi le manda al agua. No perdió su caña de puro milagro porque tenía muy buenos reflejos, pero estuvo a punto de que las olas se la arrancaran de las manos.

Enseguida se acordó de lo que le habían dicho los pescadores, que hacía tiempo que en su mar no se podía pescar a causa de que las inmensas olas zarandeaban sus embarcaciones.

—¡Qué razón tenían! —se dijo Goyo—. Y yo soy un tonto que no hago caso a las personas mayores y con más experiencia que yo. ¡A ver cómo salgo de ésta!

16 La lucha contra las olas

De pie en su pequeña barquita, Goyo remaba contra las olas armado con uno de sus remos.

—¡Qué barbaridad! ¿Con este oleaje cómo voy a pescar ni un solo pez? —hablaba Goyo consigo mismo—. Esto es un misterio tremendo que no hay quien entienda. El hombre del tiempo ha dicho que las costas están en calma y aquí, de repente, se organiza este maremoto sin que se pueda saber la causa.

El agua entraba en la barca, que podía naufragar de un momento a otro, y los movimientos de las olas hacían que la pequeña embarcación subiera y bajara, fuera de un lado a otro y girara como una peonza.

17 La ballena amistosa

De repente, Goyo se encontró subido a una montaña de agua. Inmediatamente después vio que bajaba y luego volvía a subir. Entonces un ojo grandísimo se asomó por encima de su hombro dejándole paralizado de miedo.

—¿Qué pretendes, matarme del susto? —preguntó Goyo—. Haz el favor de parar y dime quién eres.

—Hola, chico —saludó muy educada a Goyo—. Soy una ballena y siento mucho haberte asustado, pero si supieras mi historia...

18 La historia de la ballena

—Cuando yo era pequeñita —comenzó a contar la ballena—, sin querer me tragué una estrella marina y ahora tengo dentro una invasión de estrellas de mar.

—¿Y eso qué tiene que ver con los saltos que pegas? —preguntó Goyo.

—Pues que al moverse, las estrellas me hacen unas cosquillas tremendas y me muero de la risa. Como soy tan grande, cuando me río se mueve tanto el agua que parece que hay un maremoto.

—Y la ballenita, ¿quién es? —preguntó Goyo.

—Es mi bebé.

19 Una idea genial

—Oye, ballena. Si yo encuentro un medio para que dejes de reírte, la gente de mi pueblo podrá salir a pescar otra vez, ¿no te parece?

—¡Sería fantástico! Si tú puedes dejar mis interiores limpios de estrellas de mar, yo te prometo que me ocuparé de empujar hasta tu pueblo toda la pesca que necesitéis.

—Dime, ¿cuáles son los peces que se comen a las estrellas?

—Todos los peces de roca.

—Pues no perdamos ni un minuto más. Súbeme a tu lomo y vamos a por ellos.

20 ¡A pescar tocan!

La ballena se sumergió en el mar y, con mucho cuidado, salió del agua justo debajo de la barca de Goyo.

—Agárrate bien que voy a meter el acelerador —le advirtió la ballena a Goyo.

No tardaron nada. Primero la ballena se sumergió y dejó a Goyo con su barca en medio del mar y el chico, que era un experto pescador, comenzó a sacar pescados y a tirarlos dentro de la boca abierta de la ballena. Cuando se había tragado unos cincuenta, le dijo a Goyo.

—Te voy a llevar al puerto; descansa tranquilo esta noche y mañana nos vemos donde hoy, a ver si tu idea ha dado resultado.

21 Todos tan contentos

Lo primero que hizo Goyo al despertarse fue mirar por la ventana que daba al puerto. Se volvió loco de alegría al ver que todos los barcos se preparaban para salir a faenar. Goyo se vistió deprisa y corriendo, cogió la barca y se puso a remar como un descosido. Cuando llegó al sitio donde estaba la ballena, vio la cabezota inmensa sonriendo con una cara de felicidad que llegaba al corazón.

—¡Hola, amigo! —saludó la ballena—. Tengo una deuda muy grande contigo.

—No es nada, mujer. Tú también nos ayudarás con la pesca.

La gallina de los huevos de oro

22 Una niña bondadosa

Blanca andaba recogiendo fresas silvestres, cuando oyó un quejido. La niña se acercó corriendo hacia donde venía la voz y se encontró con un viejecito que se había caído dentro de un agujero del suelo.

—Espere un segundo, abuelito, que voy a sacarle de ahí.

Para demostrarle su agradecimiento, el anciano le regaló una gallina grande y blanca que era una preciosidad.

Y antes de que la niña se diera cuenta, el hombre desapareció en el aire.

23 La gallina maravillosa

—¡Mamá, mamá! —gritó Blanca cuando llegó a casa—. ¡Mira lo que me ha regalado un abuelito muy simpático que me he encontrado en el bosque!

—¡Qué estupendo! —dijo la mamá—. Le haremos un nido en el portal.

Cuando Blanca se despertó, se fue corriendo a la cama de la gallina, la levantó por la cola y vio que había puesto un hermoso huevo. Pero... ¡sorpresa!, no era un huevo blanco como los demás; éste era amarillo y brillante. ¡Era un huevo de oro!

24 De compras por el pueblo

El joyero les pagó mucho dinero por el huevo. Y en cuanto salieron de la joyería, se fueron de compras por primera vez en su vida, porque como antes eran tan pobres, nunca habían podido comprar nada que no fuera una patata o un trozo de tocino.

Se compraron vestidos, zapatos, comidas deliciosas, jabones de olor, pasteles, lazos para las trenzas de Blanca y muchas otras cosas. Habían dejado de ser pobres de la noche a la mañana. Y así, sin saber bien el motivo, se encontraron con que la gallina maravillosa ponía todos los días, a las ocho en punto de la mañana, un huevo de oro macizo de veinticuatro quilates.

25 La niña egoísta

Con la riqueza a Blanca se le olvidaron los malos tiempos, y se le olvidó también que antes ella era una niña buena y cariñosa.

Un día llamaron a la puerta y Blanca salió a ver quién era. El que llamaba era un niño tan pobre como había sido ella.

—Por favor, ¿me puedes dar algo para comer?

—Yo no le doy mi dinero a gente sucia y harapienta como tú —le contestó Blanca con muy malos modos—. Y, desde luego, ¿no pretenderás que te invite a comer a mi casa? Lo pondrías todo hecho un asco con lo sucio que vas.

26 ¿Dónde están los huevos de oro?

Al amanecer, Blanca fue al gallinero a recoger su huevo y al entrar se encontró con dos huevos abiertos y completamente fritos. Blanca se enfadó muchísimo.

—¿Qué has hecho, estúpida? ¡Gallina tenías que ser, que todas sois más idiotas que una patata! ¿Dónde están mis huevos de oro?

—¡A mí que me registren! Mi obligación es poner huevos y si salen fritos no es culpa mía. Así que deja de insultarme, que eres una maleducada. ¡Y no vuelvas a hablarme con esos modales porque me mudo de barrio en menos que canta mi primo el gallo!

27 La rabieta de Blanca

Blanca, más enfadada que una avispa, cogió una escoba y se lió a golpes con la gallina, que corría de un lado a otro llevándose las alas a la cabeza.

—¡Oye, oye ,oye! Deja de darme escobazos que yo no tengo la culpa de nada.

—¿Y dónde están mis huevos de oro? ¡Te voy a dar una paliza que te vas a enterar!

—¿Y yo qué sé cómo son los huevos que pongo? Yo sé que tengo que poner uno cada día, pero no tengo ni idea de qué están hechos. Ni que una hubiera ido a la universidad para saber tanto.

28 El mago hace su aparición

De pronto, el gallinero se iluminó con una luz mágica y maravillosa y, en un instante, apareció el viejecillo del bosque.

—Deja la escoba, niña —dijo el mago—. La pobre gallina no tiene la culpa de nada. La culpa la tienes tú por egoísta. Antes, tu corazón era de oro puro, como los huevos que ponía esta gallina que yo te regalé. Y nunca volverá a ponerlos hasta que vuelva tu buen corazón.

—¡Te lo dije, te lo dije! ¡Yo no tengo la culpa de nada! —decía la pobre gallina toda nerviosa.

29 La gallina ponedora

Blanca se dio cuenta de que su comportamiento durante los últimos meses había sido horrible y que se merecía el castigo del mago. Después de disculparse con la gallina, salió corriendo para ver si encontraba al niño al que había echado de su casa el día anterior. Le encontró sentado en una piedra. Se acercó a él y le dijo:

—Vengo a pedirte perdón por las cosas horribles que te dije ayer. Por favor, vente a comer a mi casa todos los días.

Y la gallina volvió a poner huevos de oro.

La mesa, el burro y el bastón

30 El sastre y sus tres hijos

Un sastre tenía tres hijos llamados Mayor, Mediano y Pequeño. Un día apareció una cabra a la puerta de su casa y el sastre le dijo a Mayor que llevara a la cabra a comer.

Cuando volvió, el sastre le preguntó si había comido bien y Mayor le contestó que mejor que bien. Luego le preguntó a la cabra lo mismo y la muy mentirosa le dijo que tenía hambre; así que, furioso, echó a Mayor de casa y al día siguiente echó a Mediano por la misma mentira de la cabra.

31 Pequeño y la cabra embustera

Al tercer día le tocó a Pequeño llevar a la cabra a comer. Cuando volvieron, el padre hizo la misma pregunta, tanto al hijo como a la cabra, y tras escuchar las contestaciones de los dos, al sastre le dio un ataque de furia y echó también al tercer hijo.

A la mañana siguiente, llevó él mismo a la cabra a pastar al prado. A la vuelta le preguntó al animal si había comido bien. La cabra le contestó que no, y entonces el sastre le dio una buena paliza para que aprendiera a no mentir de esa manera tan descarada.

Junio

1 Mayor y la mesa prodigiosa

Mayor encontró trabajo como aprendiz de carpintero y tanto él como su patrón estaban encantados. Pero con el tiempo empezó a echar de menos a su familia y así se lo dijo a su jefe. El carpintero le regaló de recuerdo una mesa mágica que con sólo decirle «mesa, sírveme» aparecía llena de las más deliciosas comidas del mundo.

De camino a su casa Mayor paró en una posada. El posadero, que conocía el secreto de la mesa, se la cambió por otra que no era mágica. Cuando el muchacho fue a enseñársela a su padre, a pesar de las palabras mágicas, la mesa no hizo nada.

2 Mediano y el burro prodigioso

Mediano pronto encontró empleo como ayudante de un molinero y trabajó muy bien. Pero según iba pasando el tiempo, añoraba cada día más a su padre y a sus hermanos.

De modo que un buen día le dijo al molinero que quería volver a su casa para estar con su familia. El molinero lo comprendió y, como Mediano había sido un buen trabajador, como muestra de gratitud le regaló un burro con una cualidad extraordinaria, pues al tirarle de la cola, le salía un chorro de monedas de oro por la boca.

3 El posadero ladrón

Mediano agradeció el regalo al molinero y montado en su burro emprendió el camino a casa. Al llegar la noche, se detuvo en la posada donde había estado Mayor y, cuando terminó de cenar, le dijo al posadero:

—Espere un momento, por favor. Voy al establo porque he dejado el dinero en las alforjas de mi burro.

El posadero se fue detrás del muchacho y vio al burro echar monedas por la boca, así que esperó a que Mediano se durmiera para cambiarle el burro mágico por otro que se le parecía bastante.

4 El desengaño de Mediano

Cuando Mediano llegó a casa de su padre, le abrazó lleno de cariño y le dijo:

—Padre, ya no vamos a volver a ser pobres. El molinero para el que he trabajado me ha regalado un burro maravilloso al que le salen monedas de oro por la boca.

Delante de su padre y de Mayor tiró del rabo al burro. Pero como éste no era el animal verdadero, lo único que salió de la boca del asno fue un rebuzno. Su padre se quedó muy decepcionado, como le había pasado con la mesa de Mayor, y se fue a seguir remendando trajes.

Junio

5 Pequeño lo arregla todo

Pequeño, que trabajaba con un electricista, un día recibió una carta de sus hermanos donde le contaban la historia del posadero.

Pequeño tenía muchas ganas de ver a su padre y a sus hermanos, así que le dijo a su patrón que se quería ir a su casa. El electricista lo entendió y como regalo de despedida le dio un garrote con propiedades mágicas, pues con sólo pronunciar las palabras «palo pega» dejaba fuera de combate al enemigo más fuerte. Con el garrote se fue a la posada y a garrotazos le hizo devolver al posadero la mesa y el burro.

6 La casa de las maravillas

Cuando Pequeño llegó a la casa de su padre, le dio un abrazo fortísimo y le contó toda la aventura de sus hermanos con el posadero ladrón. Entonces el padre le dijo a su hijo que Mayor y Mediano se habían marchado de la casa muertos de vergüenza, a lo que el chico contestó:

—¡Pues hazles venir enseguida, padre, que aquí traigo la mesa y el burro mágicos para demostrarte que mis hermanos decían la verdad!

Y gracias a ellos nunca jamás faltó nada en casa del sastre.

Popy y Tras

7 Las enanitas perezosas

En el pueblo de los seres diminutos había dos niñas gemelas, preciosas y absolutamente holgazanas. Se llamaban Popy y Tras. Una mañana Popy despertó a Tras y le dijo:

—Anda, levántate y vamos a dar un paseo por el bosque.

—¡Vale! —contestó Tras—. Llevaremos una cesta con el desayuno y lo tomamos junto al río.

Prepararon la cesta, se pusieron los trajes de baño y salieron tan contentas a pasear.

8 La hoja voladora

Subidas a la hoja de un plátano de Indias que les servía de transporte, iban planeando sobre el bosque mirando encantadas las flores, los pequeños animales, las casitas y todo lo que hacía que aquel lugar fuera tan encantador. Llegaron a un barrio donde todas las casas se habían construido dentro de las setas y se mondaron de risa al ver que, a la puerta de una de ellas, estaba sentada una enanita tejiendo un jersey.

—¡Fíjate, Popy! —dijo Tras—. Trabajando con el día tan maravilloso que hace.

Junio

9 De merienda en el río

Subidas en una rama sobre el río, sacaron de la cesta lo que habían llevado para desayunar. De repente, una ráfaga de viento llevó hacia donde ellas estaban un remolino de hojas de árbol casi amarillas.

—Mira, Popy. Me parece que el otoño está viniendo. Fíjate cómo vuelan las hojas.

—Es verdad. Tenemos que coger nuestra hoja de plátano de Indias y volver a casa volando.

Pero su hoja también había volado con el viento, dejándolas en medio del bosque, lejos de su casa y con un traje de baño por toda vestimenta.

10 Las primeras nieves

Llevaban mucho tiempo andando, iban descalzas y tenían los pies helados y doloridos. Su único vestido era el bañador y el frío intenso las hacía tiritar.

—Popy, ¿no será que ha llegado el invierno de repente?

—No es posible, Tras. El invierno viene después del otoño y nosotras hemos salido de casa en verano. ¿No te acuerdas del sol que hacía?

Y mientras ellas discutían, comenzó a caer una nevada tremenda.

11 El invierno está aquí

—Oye, Tras —le dijo, más bien asustada, Popy a su hermana—, me parece que si seguimos así nos vamos a morir de frío.

—Tienes razón, necesitamos algo para abrigarnos.

Entonces descubrieron una pequeña bola de pelo que daba saltos entre la nieve.

—¡Mira, mira, Popy! ¡Un conejo, con su piel y todo! ¿Se la quitamos?

—¡Qué estupenda idea acabas de tener! Le quitamos la piel al conejo y nos hacemos unos abrigos para que se nos quite este horrible frío.

12 A la caza del conejo

—Quédate muy quieta, Tras —le dijo al oído Popy a su hermana—. Vamos a cazar ese conejo.

Popy se desató el lazo que llevaba en el pelo, hizo con él un nudo corredizo y, con un rápido movimiento, se lo lanzó al animalito, que quedó enganchado por la cola.

—Perdona, conejo —le dijo Popy—, pero es que hace un frío horroroso y nosotras hemos salido de casa sólo con el traje de baño. Lo siento mucho, pero tenemos que quitarte la piel.

Junio

13 La defensa del conejo

Popy agarró al conejo por las orejas con toda su fuerza mientras Tras les miraba sin acercarse mucho por si al roedor le daba por atacarlas ferozmente.

El pobre conejo estaba muerto de miedo pensando que se iba a quedar desnudo del todo.

—Yo no tengo la culpa de que seáis unas descuidadas. ¿A quién se le ocurre pasearse en traje de baño por el bosque en pleno invierno? ¿Es que tengo yo que pagar por vuestra mala cabeza?

14 ¡Qué cambio de carácter!

Las niñas se arrepintieron de todo corazón y dejaron al animalito con su abrigo de piel entero. El conejo, que era un santo, las ayudó a atravesar el bosque llevándolas de madriguera en madriguera hasta que llegaron a su casa y, una vez allí, se hicieron una sopa calentita y se pusieron su ropa de abrigo.

Desde esa aventura en la que lo pasaron tan mal, Popy y Tras aprendieron una importante lección: en el bosque hay que trabajar cuando hace buen tiempo para poder comer y estar abrigados cuando llega el frío.

Lluvia de estrellas

15 Una niña generosa

Martina era muy pobre, aunque todo lo que le faltaba en cosas materiales le sobraba en buen corazón.

Una tarde en la que paseaba junto al río, comiendo un cuscurro de pan duro, se encontró con un viejecito que parecía aún más pobre que ella.

—Niña, por favor, dame algo de comer.

—¡Claro que sí, abuelito! Toma mi pedazo de pan que algo te quitará el hambre.

16 El pequeño mendigo

Un poco más tarde, vio a un niño vestido con harapos que lloraba a moco tendido.

—¿Qué te pasa? —le preguntó Martina—, ¿por qué lloras con tanta pena?

—Tengo mucho frío —le respondió el niño— y me duele mucho la cabeza de lo fría que la tengo.

—No llores más, anda. Mira, te voy a dar mi gorrito porque mi pelo abriga mucho.

Y le regaló su gorrito al niño.

17 Una niña congelada

—¿Por qué hay niños y abuelitos que pasan hambre y frío? —se preguntaba—. Si yo tuviera dinero, nadie en el mundo lo pasaría tan mal.

La sacó de su ensueño un llanto de niña bajito y lleno de pena que venía de detrás de una casa en ruinas. Dio la vuelta y se encontró con una niña de su edad, tiritando de frío porque sólo llevaba puesta una camisa sin mangas ni nada.

—¡Pobrecita, estás tiritando! Tienes que tener un frío horrible. Deja de llorar. Te voy a dar mi falda, mi chaleco, mi camisa y mis zapatos. Como están calentitos de haberlos llevado yo, verás como pronto entras en calor.

18 La niña desnuda

Corriendo para entrar en calor, Martina llegó a un bosque que había cerca del pueblo. A pesar del frío que tenía, iba muy contenta por haber podido ayudar a tres personas que estaban peor que ella. De pronto, vio acercarse a una niña completamente desnuda.

—¿Pero dónde vas desnuda con el frío que hace? —le preguntó asombrada.

—Es que no tengo nada de ropa para ponerme. Si tú quisieras prestarme tu camisa, me abrigaría un poco.

—Toma, anda, que tú necesitas la camisa más que yo.

19 El bosque oscuro

En el bosque se acurrucó junto a un viejo pino y, mientras intentaba entrar un poco en calor, se sentía muy feliz.

—Oye, señor Pino —le dijo al árbol en el que estaba apoyada—, me está entrando un calorcito en el corazón que me calienta también por fuera. Tú que eres tan viejo, ¿podrías explicarme si esto me sucede de verdad? ¿O es que me lo estoy imaginando?

—No, Martina —le respondió el pino con una voz baja y profunda—, no te lo estás imaginando. Es que tu corazón es tan grande que su calor llega hasta mi madera.

20 El viejo pino

—Recuéstate en mi corteza, Martina —le dijo el pino a la niña—. Ya está al caer la noche. ¿Puedes ver las estrellas?

—Sí, claro que las veo —contestó la niña al viejo árbol—. Aquí en el bosque se ven mucho más brillantes.

—Míralas fijamente y dime qué es lo que ves.

—Veo que son preciosas y que hay muchísimas. Nunca había visto tantas estrellas juntas.

21 El regalo de las estrellas

—Señor Pino —le dijo Martina al árbol—, las estrellas están bajando cada vez más.

—No te preocupes, niña —habló una voz desde el cielo—, solamente queríamos verte más de cerca.

—¿Quién eres? —preguntó Martina.

—Vosotros nos llamáis estrellas. Levántate, Martina, y sal de debajo de las ramas del amigo Pino.

Martina se levantó y se alejó un poco del pino. Entonces sintió que miles y miles de puntos brillantes la envolvían. Y luego, de pronto, una lluvia de monedas de oro cayó sobre ella.

22 El sueño se hace realidad

Las estrellas fueron retirándose muy despacio y Martina se dio cuenta de que llevaba puesto un precioso vestido de terciopelo azul.

Le dio un beso en la corteza al señor Pino y recogió en su falda todas las monedas que habían caído.

—Martina, debes saber que estas monedas no se acabarán mientras las emplees en cosas buenas.

Y no se acabaron, porque Martina las empleó en ayudar a los que lo necesitaban.

Mosquita

23 La cigüeña despistada

Bembe, que era una cigüeña tan despistada que ni siquiera sabía por dónde quedaba el norte, tenía que entregar un bebé en casa de una familia. Como no sabía lo que hacía, acabó volando en círculos sin tener muy claro hacia dónde ir. Después de dos horas de vuelo, vio un pueblo que le pareció muy lindo y se dijo en voz alta:

—Pues parece que este pueblo es de lo más acogedor. Voy a dejar mi paquete en una de esas casas tan monas y seguro que les va a encantar el regalo.

24 En casa de la familia mosca

En cuanto la cigüeña salió por la ventana, tres pequeñas moscas empezaron a revolotear alrededor de la cuna donde descansaba el contenido del paquete.

—No tiene antenas como las nuestras —aseguró la más pequeña, que era muy observadora.

—¡Huyyyy, qué fea! —zumbaron las tres a la vez—. Parece una mosca muy rara.

25 Una mariposa entre moscas

—Yo la encuentro rarísima —le dijo la mosquita mayor a la hermana del medio.

—¿No te parece que tiene unas alas muy extrañas? —preguntó la hermana del medio a la hermana pequeña.

—¡Si sólo fuera eso! —contestó la benjamina—. Mírala bien, se pasa el día entre las flores. Esta mañana la he invitado a comer una fruta estupenda y ella se ha sentado en una hoja y, en vez de darse un atracón de manzanas dulces, se ha quedado ensimismada oliendo una flor.

26 El gran bizcocho

Era verano y las personas grandes se dejaban todas las ventanas de sus casas abiertas de par en par. Era el momento ideal para que los hermanos mosca comieran las cosas más deliciosas del mundo.

En el comedor de una de esas familias de gente grande estaba puesta la mesa para la merienda. Allí habían dejado un bizcocho de mantequilla, jugoso y blandito, que les hacía la boca agua.

—¡Mosquita! —llamaron a su hermana, la mosca rara—, ven a merendar. Aquí tenemos un pastel que quita el hipo. Debe de ser de las cosas más ricas de mundo.

27 Un horrible descubrimiento

Un buen día, Mosquita se puso a curiosear por la casa de los señores Mosca y, de pronto, oyó una vocecita que la llamaba:

—¡Por favor, linda criatura! ¡Ayúdame!

El que llamaba era un gusanito con una bola de hierro grandísima atada al cuello.

—Gusanito, ¿por qué llevas esa bola?

—Para que no me escape. Cuando esté lo bastante gordo, me meterán en la olla y me comerán.

—¡Qué horror! ¡Son unos caníbales! Te voy a soltar ahora mismo.

28 Expulsada de su casa

Cuando su familia se enteró de que había dejado libre al gusano, se pusieron todos como fieras.

—Oye, mosquita muerta —le gritó el papá—, ¿acaso te crees que tienes derecho a tirar nuestra comida? Recibirás un castigo tremendo. Vamos a ver —preguntó a su familia—, ¿creéis que deberíamos echarla de nuestra casa?

—¡Sí, sí, sí, sí! —fue el grito a cuatro voces de mamá y sus tres hijitos.

Y Mosquita tuvo que coger sus cosas y marcharse de la única casa que había conocido.

Junio

29 Volando sola

La verdad es que Mosquita estaba triste sin saber a dónde ir. Hasta entonces nunca había volado sola porque sus hermanos siempre la acompañaban cuando salía a dar una vuelta por ahí.

—¿Qué va a ser de mí ahora? —se preguntaba llorando—. ¿Dónde viviré?

Volaba sin una dirección fija, cuando, de repente, vio a alguien muy parecido a ella, aunque de otro color, que estaba tumbado en una flor, oliéndola encantada de la vida.

—¡Oh, qué sorpresa! Me parece que a esa mosca también le gusta oler las flores. Creo que me acercaré a hablar con ella.

30 Mosquita es una mariposa

—¡Hola, doña mosca! ¿Cómo está usted? —le preguntó con mucha educación.

—No tengo ni idea de quién eres ni de dónde sales, pero te ruego que no me ofendas —le contestó la niña con alas—. Las moscas son feas y sucias.

—Pues yo... soy una mosca.

—Lo que tú eres es una chalada. Tú eres una mariposa, como yo.

—Ahora entiendo por qué se pasaban el día diciéndome que era fea. Y también comprendo por qué no me gustaba nada lo que ellos comían. ¡Es que soy una mariposa! ¡¡¡Hurra!!!

Julio

Mamá Pata

1 La más limpia del mundo

En esa parte del mundo donde sólo viven los animales que hablan, se visten y se comportan como las personas que conocemos, vivía una pata que se había quedado viuda y estaba criando ella sola a sus cinco patitos.

Esta mamá Pata, además de llevar a sus hijos limpios y relucientes, se ocupaba de tener la casa siempre arreglada y en orden, sin una mota de polvo y con todo bien brillante. Trabajaba sin descanso durante todo el día.

2 El jardín del paraíso

No sólo mamá Pata se dedicaba a su casa; también tenía un jardín que era el asombro de propios y extraños y que, cómo no, ella cuidaba sola, sin ayuda de nadie.

Allí había flores de todas las clases y colores, el césped más verde y más espeso que jamás se vio, una barandilla pintada y brillante, y hasta una familia de alondras, los papás y dos polluelos, que vivían en un nido del tejado y que, al amanecer, cantaban preciosas canciones. La mamá Alondra era muy amiga de la mamá Pata y todos los días tenían su ratito de charla.

Julio

3 El baño de los peques

Después de limpiar la casa y arreglar el jardín, mamá Pata se dedicaba al aseo de sus hijitos. Preparaba una gran tina de agua con muchas burbujas, una esponja suavecita y, de uno en uno, iba frotando y aclarando a sus patitos. Alguno de ellos no era nada partidario de tanta limpieza.

—¡Ay, mami! ¿Por qué me tengo que dar jabón en las alas, si las tengo limpias?

—Ayer estuviste revolcándote con tus hermanos en el barro. Qué quieres, ¿quedarte como si fueras un pato de arcilla?

Y restregaba alas, cabeza y orejas de cada uno de sus hijos. El que peor llevaba eso del baño era el más pequeño y revoltoso.

4 En el parque y el estanque

Después del baño, mamá Pata, muy arreglada y elegante, sacaba a pasear a todos sus patitos, que iban limpios y relucientes. En el mango de la sombrilla, llevaba siempre como vigilante al señor Caracol, íntimo amigo de la familia, que la avisaba si alguno de los pequeños hacía alguna barrabasada. ¡Qué divertido era remojarse en el estanque!

5 ¡A cenar!

Cuando volvieron a casa, mamá Pata se metió en la cocina para preparar la cena de sus muchachos.

Todos alrededor de la mesa, con sus cuchillos y sus tenedores preparados para la acción, esperaban impacientes y con mucho apetito los sabrosos platos que les cocinaba su mamá.

—Yo hoy me pido saltamontes salteados —dijo Rino.

—¡Anda que eres tonto! —contestó Nico—. Si saltan montes, ¿cómo van a ser?... ¿«andeados»?

6 Mamá Pata sale en la tele

Una tarde Chito llamó la atención de sus hermanos.

—¡Chicos, a callar ahora mismo! Mamá está en la televisión.

Todos se quedaron inmóviles como estatuas mirando fijamente a la pantalla, con el pico abierto, mientras el presentador le ponía a su mamá una medalla de oro grande como la luna.

¡Por ser una pata excelente!

Julio

7 ¡¡Sorpresa!!

Cuando mamá Pata llegó a casa con su medalla de oro, se encontró con una sorpresa enorme: sus hijos, ayudados por los dos ratones, habían hecho un pastel gigante de bizcocho, nata y merengue. Todo él estaba decorado con corazones de jalea de fresa y estaba tan apetitoso que parecía decir... «COMEDME».

—Mamá —le dijo Chito—, mis hermanos me han nombrado portavoz porque soy el más parlanchín. Queremos decirte que estamos muy orgullosos de ti y que, desde ahora mismo, ninguno de nosotros va a volver a ser sucio, desobediente ni vago.

El bosque de las mariposas

8 La coleccionista

Mariel era una niña con una afición tremenda por coleccionar mariposas. En una habitación en la parte de arriba de su casa tenía un muestrario impresionante con muchos ejemplares de estos preciosos insectos.

—¿Cuántas has cogido hoy? —le preguntó su abuelo, que también era aficionado.

—He cogido —respondía Mariel— una macaon, una apolo y una esfinge. Pero hasta que no coja una cerástide mi colección no valdrá nada. El viernes cuando vayamos a tu casa pasaré las horas buscándola.

9 El cuarto de las prisioneras

Esfinge, que es el nombre de una de las mariposas más bellas del mundo, lloraba como una magdalena. Aquel mismo día por la mañana la habían lanzado encima una red, la habían tenido un montón de tiempo en una cárcel que en vez de rejas tenía agujeros pequeñitos y ahora estaba en el suelo de un sitio donde no había mucha luz sin poder moverse, pues la habían atado a un clavo enorme.

—¿Hay alguien ahí? —preguntó con una vocecita temerosa.

10 La niña cazadora

Mariel paseaba por el bosque armada con su cazamariposas cuando, de pronto, posada sobre una hoja en medio del estanque, vio un ejemplar hermosísimo.

—¡Oh, qué preciosidad! —pensó—. Tengo que cazarla.

Entonces preparó su cazamariposas y, con mucho cuidado, fue subiendo lentamente por una rama que colgaba sobre el estanque hasta quedar casi, casi encima de la mariposa.

Pero la imagen de la niña se reflejó en el agua y el precioso insecto echó a volar huyendo de la cazadora.

11 Mariel y la mariposa perdida

Mariel miraba hacia uno y otro lado buscando a la bella mariposa, pero no la encontraba. No se la veía por ningún sitio. Los únicos bichos voladores que había por allí eran unas cuantas abejas que, por cierto, la habían seguido desde que salió de su casa.

—¡Qué cosa más rara! —se decía—. ¿Por qué me seguirán las abejas? Lo mismo quieren picarme. ¡Qué tontería más gorda se me acaba de ocurrir! Los bosques y los parques y el campo entero están siempre llenos de abejas que vuelan de flor en flor para llevarse el néctar de las flores y luego hacer miel. Así que, Mariel, guapa, deja de pensar memeces y a buscar mariposas, que es lo tuyo.

12 La mariposa más bella del mundo

Mientras miraba a lo lejos con la esperanza de encontrar una mariposa digna de su colección, Mariel descubrió sobre un tronco de árbol medio caído en el estanque la mariposa más bonita que había visto en su vida.

Mientras la contemplaba con admiración, se dio cuenta de algo que no había visto jamás: la mariposa estaba observando su reflejo en el agua, como si se estuviera mirando en un espejo.

13 La cazadora en acción

La niña levantó su cazamariposas y, cuando lo iba a dejar caer sobre su presa, notó que la red no estaba equilibrada como tenía que estar, que algo tiraba de ella hacia atrás.

Se dio la vuelta y vio con asombro que una lombriz de un tamaño considerable se agarraba con todas sus fuerzas al extremo de la red. También se dio cuenta de que las abejas continuaban volando sobra su cabeza y, sobre todo, vio con alegría que la tonta de la mariposa seguía tan campante sin moverse y dando chupaditas a una flor.

14 ¡Al ataque!

Después de quitar a la lombriz del cazamariposas, Mariel volvió a empuñarlo y, cuando ya estaba a punto de dejarlo caer, un abejorro más grande que un helicóptero del cuerpo de bomberos se la echó encima con las peores intenciones que nadie pueda imaginar.

—¡Socorro, auxilio! —gritó Mariel—. ¡Que alguien me ayude! ¡Este monstruo me va a llenar de agujeros!

—¡Muchas gracias, Horacio! —dijo con una voz encantadora la mariposa presumida.

Julio

15 La cazadora cazada

De pronto, el cielo se cubrió de nubes de amenazantes abejas y abejorros que obligaban a correr a Mariel, la cual estaba segura de que iba a morir a picotazos.

—¿Qué os he hecho yo a vosotras? —preguntaba la niña mientras corría como una desesperada.

—Querías cazar a la reina de las mariposas. Y también has cazado a su dama de honor. ¡Suéltala!

Mariel corrió a su casa, subió al cuarto oscuro y soltó a la esfinge. Desde entonces no volvió a cazar ni una mariposa.

Los muñecos de serrín

16 El abuelo Ángel

Hace muchísimos años, en una ciudad muy grande y muy lejana, había un barrio en el que sólo se vendían juguetes.

Allí vivía y trabajaba un anciano que no se había enterado todavía de que existía esa cosa llamada progreso y que, gracias al progreso, las fábricas de juguetes podían ofrecer a los niños muñecos, coches, construcciones muy sofisticados y que hacían de todo.

17 Muñecos de trapo

El anciano, que se llamaba Ángel, seguía haciendo sus muñecos de forma artesanal, es decir, los cortaba, los cosía y los rellenaba con sus propias manos y de uno en uno.

El abuelo Ángel cosía y cosía, encantado de la vida, los cuerpos de trapo que, a veces, iban un poco remendados porque no le alcanzaba la tela para sacar las piezas enteras.

Cuando estaban cosidos, los rellenaba de serrín y los llevaba a la plaza para venderlos.

18 Todos están tristes

Un buen día, el abuelo Ángel se dio cuenta de que hacía mucho tiempo que no vendía ningún muñeco y se puso tan triste que se le saltaron las lágrimas y todo.

—¿Qué será de mí si no vendo mis muñecos? ¿Y qué va a ser de mis queridos juguetes cuando se den cuenta de que los niños ya no los quieren?

Y es que, de verdad, los niños no querían saber nada de aquellos muñecos a los que se les notaban las costuras.

19 Encerrados en el taller

Don Ángel y sus muñecos ya no salían al puesto de la plaza. Hacía mucho frío y nevaba, así que ¿para qué iban a ir si no los compraba nadie?

Pasaban los días y cada vez estaban más tristes.

—¿Por qué tenéis tanta pena? —les preguntó un ratón.

—Porque ya ni salimos a la calle —dijo el conejo—. Y además, el abuelo Ángel, que nos ha cosido y rellenado con todo su cariño, está triste porque piensa que ya no nos quieren.

20 El duende azul

Una noche entró por la ventana del taller un duende volador con una varita mágica en la mano.

—No debéis estar tristes porque no os quieran los niños —les dijo—. Ahora están de moda los juguetes mecánicos (que se estropean enseguida, la verdad). Esta moda se pasará pronto, pero vosotros siempre estaréis ahí para hacer compañía a algún niño.

Y moviendo su varita mágica, hizo caer sobre los muñecos de trapo una lluvia de estrellas azules que hizo desaparecer todas las costuras.

21 Los muñecos felices

¡No se lo podían creer! Se miraban unos a otros buscando los remiendos de tela, pero no encontraron ni uno. Era como si fueran de verdad, de carne y hueso. Se movían como si estuvieran vivos. Se pusieron a jugar haciendo una torre uno encima del otro. ¡Eran tan maravillosos! Ningún muñeco mecánico podía igualarlos.

—¡Mirad, mirad, amiguitos! —gritó lleno de felicidad el payaso alegre—. Mirad cómo sujeto la pelota con el pie cuando estoy cabeza abajo.

—¡Y yo tengo toda la fuerza del mundo! —dijo riendo el conejo—. Puedo sujetarte sobre la cabeza y eso que pesas mucho más que yo.

22 El asombro del abuelo Ángel

Cuando amaneció el nuevo día, el abuelito entró en el taller para ver a sus muñecos. ¡Se quedó completamente patidifuso!

—¿Cómo es posible? —les preguntó—. Ya no sois muñecos. Os movéis, os reís y os portáis como si fuerais de verdad. ¡Mis queridos muñecos! Os habéis convertido en los mejores juguetes del mundo. ¡Esto es un milagro! Jamás seré tan feliz como este día.

23 La maravilla de la ciudad

Ese día salieron a la plaza, al puesto en el que nadie se paraba. Los muñecos bailaron, jugaron, hicieron la torre y hablaron. Y todos los niños se pusieron a contemplarlos con la boca abierta. Querían llevarse a casa uno de aquellos juguetes; discutían entre ellos por el elefante, o el perro, también por el payaso y el conejo... ¡todos les gustaban! El duende azul, escondido detrás del toldo del tenderete, iba haciendo más muñecos según se los iban llevando los niños. Así jamás se acababan los muñecos en los que tanto amor había puesto el abuelo Ángel.

Piperino

24 El duende que quiso ser un gigante

En una preciosa seta de grandes dimensiones, situada en el bosque de los castaños, vivía Piperino, un duende pequeño, travieso y muy simpático. Era el único duende del bosque, pero jamás se sentía solo porque era el mejor amigo de todos los animales de aquellos parajes; con ellos desayunaba, comía, cenaba, dormía y, desde luego con ellos jugaba hasta que todos acababan agotados, durmiendo como troncos en la cama de «Pipe».

25 La vida es maravillosa

Cuando el sol salía por la mañana, sonreía a «Pipe» y a sus amigos y les daba una luz y un calor especiales. Vivir en el bosque era lo mejor de lo mejor; allí no daba pereza hacer las cosas, ni buscar la comida, ni reunir ramitas para preparar el fuego donde guisaban su comida. Todos los días, después de asearse y desayunar, lavaban la ropa en el estanque y entre todos la ponían a secar al calor del sol.

Todos formaban una pandilla estupenda, cada uno de ellos hacía siempre su trabajo y, cuando terminaban los deberes, jugaban hasta caer rendidos.

26 Llega un nuevo amigo

Una tarde apareció por allí un animal desconocido que les pegó un susto de muerte. Tenía una cabezota enorme rodeada de mucho pelo largo y espeso; sus patas eran muy grandes y tenía unas uñas más afiladas que los pinchos de los cardos gigantes.

—¿Quién eres tú? —preguntó «Pipe»—. Nunca hemos visto a nadie igual.

—Soy un león enano. En mi manada todos los leones son como diez veces más grandes que yo. A mis padres les dio vergüenza que les saliera un hijo enano y me echaron. Vengo desde muy lejos y no he encontrado a nadie que quiera ser mi amigo.

27 Quisiera ser tan alto...

Era la primera vez en su vida que «Pipe» pensaba en eso de la estatura, y todo por haberse encontrado con alguien que decía ser enano y venir de un sitio donde los animales son diez veces más grandes que él.

—Me gustaría ser alto —pensó «Pipe»—. Voy a ver al brujo Caracol para que me haga un encantamiento.

—Por favor, brujo Caracol, hazme un hechizo para crecer muchísimo.

—Estás como una cabra, «Pipe». Pero toma, bébete un trago de este frasco.

Y el duende se bebió más de medio frasco y se puso a crecer y a crecer...

28 Piperino, el duende gigante

Creció tanto que, mirando hacia abajo, la seta adosada y el brujo Caracol que estaba en el tejado le parecieron diminutos. Sus amigos, los animales del bosque, salieron corriendo muertos de miedo mientras «Pipe», encantado con su nueva y descomunal estatura, se divertía dando unos saltos que hacían retumbar el suelo. En medio de tanto baiIoteo le pareció oír una vocecilla lejana que le decía a voz en grito:

—Por favoooor, para ya de bailaaaar. ¿No ves que se van a caer los árboleeees?

29 El duendecillo solitario

Piperino estaba feliz con su estatura. Le encantaba ver cómo eran los árboles por arriba y poder coger fruta sin tener que trepar. Cogió un montón de manzanas y se fue a su casa.

—¡Oh, no! No puedo entrar en mi seta, soy demasiado grande.

El duendecillo se quedó llorando frente a la puerta por la que no podía entrar.

—No llores, «Pipe» —le dijo un conejo oculto entre las hojas de una planta al lado de la casa del duende—. Todos nos hemos escondido porque nos das mucho miedo. Eres tan grande... ¿No comprendes que si nos pisaras sin querer, nos dejarías espachurrados?

30 El arrepentido

Llorando a lágrima viva, Piperino se fue directamente hacia la seta adosada del brujo Caracol para pedirle ayuda.

—Brujito Caracol —le dijo entre sollozos—, por favor te lo pido, vuelve a ponerme del tamaño que tenía antes.

—Bueno, ¿qué te pasa ahora?

—Mi casa... se ha quedado muy pequeña. Sólo me cabe dentro una mano o un pie. Y mis amigos tienen miedo de que les pise.

—Vale, toma este otro frasco y bebe.

«Pipe» bebió un buen trago y en un pispás se volvió otra vez pequeño, como una judía verde.

Julio

31 Otra vez felices

En el mismo momento en el que el duendecillo recuperó su tamaño natural, de los más escondidos rincones del bosque empezaron a asomar sus amigos de siempre. Se sentían muy felices, se dieron besos y abrazos, y celebraron que volvían a estar todos juntos y a ser del mismo tamaño.

Entonces Piperino comprendió que era una locura querer ser más grande que los demás, que no hay nada tan valioso como la amistad y que no pensaba hacer tonterías como ésa de crecer nunca jamás en la vida.

Y así, la vida en el bosque de los castaños continuó igual que siempre, como si nunca hubiera sucedido nada.

Agosto

Pulgarcita

1 La niña que nació de una flor

Lo que más quería en el mundo la señora Ruma era tener un hijo; pero pasaban los años y el bebé no llegaba. Así que fue a ver a Facunda, que era una bruja buena, para que la ayudara. La hechicera le dio una pequeña semilla y le dijo:

—Plántala en una maceta y verás cumplido tu deseo.

Tal y como le había dicho, la mujer plantó la semilla y, al tercer día, salió el capullo de una flor preciosa que, al abrirse, dejó ver en su interior a la niña más bonita y más pequeñita que nadie pueda imaginar. Como era tan pequeña su mamá la llamó Pulgarcita.

2 El sapo feo

—¡Qué maravillosa es mi niña! —decía su mamá—. Si fuera un poquito más grande estaría mucho más tranquila, pues así me preocupa que alguien pueda pisarla sin querer.

Una noche Pulgarcita estaba durmiendo en su cuna diminuta hecha con una cáscara de nuez, cuando entró por la ventana un sapo horroroso. Se quedó mirando embobado a la linda Pulgarcita y pensó:

—¡Oh, qué niña tan preciosa! Me la llevaré al estanque para que sea la novia de mi hijo.

Agosto

3 El pez salvador

Los sapos colocaron a Pulgarcita en una flor en medio del estanque para que no pudiera escapar. Cuando la niña se despertó, se llevó un susto horroroso.

—¡Mami, mami! —gritó a pleno pulmón—. Estoy perdida en medio del agua y no sé nadar. ¡Por favor, que alguien me ayude!

Un pez de colores que pasaba por allí se puso debajo de la flor y llevó a Pulgarcita hasta tierra firme.

—Ten mucho cuidado, niña —le dijo el pez muy cariñoso.

—Muchas gracias por traerme hasta la orilla, señor pez.

4 La mariposa buena

En esto, se acercó a la flor una mariposa que se quedó muy extrañada al ver allí a una niña.

—¿Quién eres tú? —preguntó.

—Me llamo Pulgarcita y no sé dónde estoy.

—Pues sube a mi espalda y te llevaré a dar un paseo por el aire.

Y la mariposa la llevó volando por todos los sitios, hasta que llegó el invierno y la mariposa tuvo que irse a otro lugar donde hiciera más calor. Pero antes dejó a la niña bien abrigadita en la madriguera de un ratón de campo.

5 El pájaro pinto

Pulgarcita preparó una cama y se acostó porque estaba agotada. La despertó un ruido tremendo. Al mirar se encontró con un pájaro que se había caído dentro de la madriguera; estaba casi muerto por culpa del hambre y del frío. La niña le cuidó y le alimentó hasta que se puso bueno del todo. Cuando llegó la primavera, el pájaro se despidió de su salvadora diciéndole:

—Pulgarcita, has sido muy buena conmigo y te he cogido mucho cariño. Si alguna vez me necesitas, no tienes más que mirar al cielo y decir: «¡Ven, pájaro pinto!».

—¡Pues entonces, llévame contigo, pájaro pinto!

6 El país de las personas pequeñas

El pájaro pinto llevó a su amiga a su país, un lugar lleno de flores de todos los colores; en una de ellas dejó suavemente a Pulgarcita. Cuando la niña se asomó por encima de los pétalos de la flor, vio asombrada que en cada una de ellas había una persona pequeñita, de su mismo tamaño. El pájaro que revoloteaba sobre su flor le dijo:

—Éste es el lugar del que tú vienes. Para poder tener un hijo, tu madre plantó una semilla en una maceta y de esa semilla nació una flor; dentro estabas tú. Pulgarcita, éste es tu país y ésta es tu gente.

Agosto

7 El príncipe encantador

El pájaro pinto le presentó a todos los habitantes de aquel lugar tan fantástico; eran diminutos como ella y todos tenían unas pequeñas alas en la espalda que les permitían ir de un lado a otro y de flor en flor.

Sentado sobre una seta que parecía una casa, se encontraba el joven más guapo que se pudiera soñar. El príncipe (porque este joven tan guapo era el príncipe de aquel país) se enamoró de Pulgarcita nada más verla y enseguida le pidió que se casara con él.

8 La princesa Zafiro

La boda se celebró y a ella asistieron todos los habitantes del país. Como regalo de bodas, el príncipe entregó a su esposa unas preciosas alas que brillaban con todos los colores del arco iris. Al ponérselas, el príncipe le dijo:

—Pequeña y rubia flor, en este país, que es el tuyo, ya no eres una persona minúscula. Aquí eres de un tamaño normal. Me gustaría cambiarte el nombre. ¿Te importaría que te llamara Zafiro?

Y así, con sus nuevas alas y su nuevo nombre, acompañada de su príncipe y de su amigo el pájaro, la princesa Zafiro se fue volando a conocer su nuevo país.

9 El zapatero y los duendes

En un barrio viejo de una antigua ciudad, había una vez un zapatero tan pobre, que ya no podía comprar cuero para hacer zapatos. Hacía más de una semana que le habían comprado el último par que le quedaba, pero como había tenido que pagar las deudas que tenía con el panadero, el lechero y el alquiler de la casa donde vivía, se había quedado sin una sola moneda.

Sentado frente a su mesa de trabajo pensaba y volvía a pensar:

—¿Cómo me las voy a arreglar para vivir? Es cierto que puedo volver a pedir fiadas las cosas de comer, porque las pagué la semana pasada, pero eso es pan para hoy y hambre para mañana. Si no compro el cuero, no puedo hacer zapatos, y si no hago zapatos, no los vendo y no tengo dinero. ¡Oh, cielos, qué lío tan horroroso! Lo mejor que puedo hacer es irme a dormir y mañana... ¡ya veremos lo que pasa mañana!

Agosto

10 ¡Esto sí que es magia!

Nada más salir de la cama, el zapatero se fue a su taller, aunque sabía de sobra que no iba a encontrar nada de nada. Pero:

—¡OHHH! ¡Qué maravilla! ¡No me lo puedo creer!

No, no es que el zapatero se hubiera vuelto loco perdido. Es que en el suelo, juntitos y con unos hermosos lazos, brillantes como estrellas, se encontraba el par de zapatos más bonito que ningún zapatero, por bueno que fuera, pudiera hacer.

—¡Ha ocurrido algo mágico y maravilloso! —decía el buen hombre—. Algún hada, o quizá algún genio bueno, me ha traído estos zapatos para sacarme de la miseria.

11 El comienzo de la suerte

El zapatero preparó el escaparate de su tienda donde, solos y resplandecientes, los zapatos lucían como verdaderas joyas.

A los diez minutos de abrir la tienda, un riquísimo constructor se paró deslumbrado ante los zapatos e inmediatamente entró a preguntar su precio.

—No sé ni yo mismo lo que le podría cobrar por ellos —le contestó el zapatero.

—No vamos a discutir por eso. Aquí tiene una bolsa llena de monedas de oro y no se hable más.

Y entregándole al asombrado zapatero la bolsa de monedas de oro, el millonario constructor se fue con sus zapatos tan contento.

12 La magia continúa

Llegó la noche y el feliz artesano se fue a la cama con el estómago lleno después de una deliciosa cena. Durmió a pierna suelta y, cuando llegó la mañana, fue a echar una mirada al taller, como hacía habitualmente.

Se quedó con la boca abierta al ver el milagro repetido. Otro par de zapatos, más bonitos que los del día anterior, si eso era posible, lucían su belleza sobre la mesa de trabajo.

13 Los duendecillos trabajadores

Cada día el zapatero encontraba en su taller un nuevo par de zapatos, cada uno más bonito que el anterior. Una noche decidió quedarse escondido para enterarse de lo que ocurría. Al poco rato vio que dos duendecillos se ponían a cortar el cuero y a coser con toda rapidez otros zapatos.

—¡Oh! —exclamó el zapatero asombrado—. Estas pequeñas criaturas son las que me están ayudando. No hacen más que trabajar y los pobres llevan tan poca ropa que se van a quedar helados.

Agosto

14 El agradecimiento del zapatero

A la mañana siguiente, el zapatero cerró el taller y se fue de compras por el barrio de las tiendas de moda infantil. Compró montones de trajes y diminutas botitas para abrigar a sus queridos duendes, que andaban por la vida con el culete al aire.

—Ellos me han sacado de la miseria —decía en voz alta el zapatero, que iba por la calle cargado de cajas con sus regalos—. Y lo más importante es que yo no les había pedido nada. Ellos solos, con lo pequeñitos que son, han hecho los zapatos más bonitos del mundo. ¡Y sin pedir nada a cambio!

15 Los duendecillos felices

Después de cenar puso en la mesa de trabajo todos los regalos y se sentó a esperar, oculto tras la cortina, a sus pequeños amigos. Al rato aparecieron los duendes, que daban saltos de alegría al ver la ropa tan estupenda que les había regalado el zapatero.

—Ésta es la manera que tiene el zapatero de darnos las gracias.

—Me parece que ya debemos dejarle porque ya no necesita el dinero.

—Estoy de acuerdo. Vámonos a ayudar a otro que nos necesite. A lo mejor es tan bueno y tan agradecido como éste.

16 De vuelta al trabajo

Gracias a la ayuda de los duendecillos, el zapatero ganó una buena cantidad de monedas de oro, las suficientes como para no tener que trabajar más en la vida. Pero como él era un hombre honrado y responsable, decidió que no podía dejar tirados a todos los clientes que habían convertido su taller en el más importante de la ciudad. Por lo tanto, continuó con su oficio y puso toda su habilidad y su experiencia al servicio de sus compradores, haciendo unos zapatos tan bonitos como los que hacían los duendes a los que debía su fortuna.

El lobo y los siete cabritos

17 Los consejos de mamá

—Niños —les dijo mamá cabra a sus siete cabritos—, me voy al mercado a hacer la compra. Me han dicho que el lobo se ha mudado a este barrio, así que ya podéis tener cuidado.

—No te preocupes, mami —dijo el más pequeño de los cabritos—. No nos moveremos de casa.

—No basta con quedarse en casa. Tampoco se os ocurra abrirle la puerta.

Agosto

18 El lobo feroz

No le faltaba ni una pizca de razón a mamá cabra cuando les decía a sus niños cosas horribles sobre el lobo, porque era un animal feroz que sabía cómo engañar a sus víctimas. Acababa de marcharse de casa mamá cabra cuando el lobo, que la espiaba detrás de un árbol, se acercó a la puerta de la casa y, dando unos golpecitos muy suaves, dijo:

—¡Abrid, hijitos míos! ¡Abrid que soy vuestra madre!

Y esperó ante la puerta cerrada a que los cabritos abrieran la puerta mientras se le hacía la boca agua.

19 El cabritillo prudente

El más pequeño de los cabritos fue a la puerta y le dijo al lobo:

—¡No! Nuestra mamá tiene una voz fina y suave, y tú no.

El lobo se fue a una granja y se comió varias docenas de huevos para aclararse la voz. En cuanto tuvo la voz fina, volvió a donde los cabritillos.

—¡Abrid, hijos míos, que soy vuestra madre!

—A ver —contestó uno—, enséñanos la patita.

El lobo asomó la pata por un agujero y, en cuanto la vio, el cabrito prudente le dijo:

—¡Márchate ahora mismo! Nuestra mamá tiene las patitas blancas como la nieve y tú las tienes negras como el carbón.

20 El lobo y el molinero

Lleno de ira, el lobo se fue corriendo al molino y, de muy malos modos, le dijo al molinero:

—¡Grrr...! Ponme harina en las cuatro patas hasta que estén blancas como la nieve. Si no me pones la patas blancas del todo, te doy un garrotazo que vas a ver todas las estrellas del cielo. ¡Venga, rápido!

El molinero, viendo al lobo hecho una furia espantosa, se asustó una barbaridad y le metió las cuatro patas en un saco de harina hasta que se le quedaron más blancas que la leche.

21 Los cabritos engañados

El lobo feroz salió del molino y se fue corriendo a casa de los cabritos a llamar a la puerta.

—¡Abrid, hijos míos, que soy vuestra madre! —les dijo con la voz suave y fina.

—Enséñanos la patita —le dijo el cabrito pequeño, que aún desconfiaba.

El lobo metió la pata por el agujero y el cabritillo la vio tan blanca que creyó que era su mamá. Así que abrió la puerta. Todos se pegaron un susto horroroso cuando vieron que era el lobo y corrieron a esconderse muertos de miedo.

22 Los cabritos devorados por el lobo

El lobo los fue persiguiendo y se los fue comiendo uno a uno. Pero, a pesar de su olfato, uno de ellos, el más pequeño de todos, se le escapó. El lobo se marchó de la casa y como tenía la tripa tan llena de tanto comer, le entró un sueño espantoso, así que se tumbó en un prado y se quedó dormido como un lirón.

Mamá cabra volvió a casa y se encontró la puerta abierta. Dentro estaba todo revuelto y no había ni rastro de sus siete hijos.

—¡Oh, Dios mío, qué desgracia! —exclamó llorando—. El lobo ha estado aquí y se ha comido a mis cabritillos. ¿Qué voy a hacer? Creo que me moriré de pena.

23 Mamá cabra encuentra la solución

Al oír a su madre, el más pequeño salió de su escondite y le dijo:
—Mami, no te preocupes que el lobo acaba de marcharse; aunque no debe de andar muy lejos.

Salieron al campo y al poco rato oyeron unos ronquidos tremendos. Era el lobo durmiendo a pierna suelta.

Mamá cabra sacó unas tijeras enormes de su bolsillo y le abrió la tripa, y, uno por uno, salieron todos sus hijos.

—Ahora traedme siete piedras de las más gordas que encontréis.

Cuando las tuvo, llenó con ellas la barriga del lobo y se la cosió con un cordel.

24 ¡Adiós, lobo!

La cabra y sus hijitos se escondieron. Cuando el lobo despertó, le oyeron decir:

—¡Uff! ¡Qué barbaridad, qué sed tan tremenda tengo! Esos cabritos me han sentado fatal, parece que he comido piedras. Me voy al río a beber agua.

Se acercó al río y se inclinó para beber. Pero como las piedras pesaban una barbaridad, se cayó al río de cabeza, se fue derecho al fondo y allí se ahogó.

Todos se pusieron a cantar y bailar de alegría y, desde entonces, vivieron tranquilos.

La sirenita del mar azul

25 En el fondo del mar

En lo más profundo del mar hubo una vez una sirena preciosa que vivía feliz y contenta. Todos los habitantes del mar la querían mucho.

La verdad es que les encantaba mirarla porque era guapísima: tenía el pelo rubio y muy largo, los ojos grandes y azules, y la cola más bonita de todos los mares.

Un día cayó, flotando entre las aguas, una hoja de periódico.

Agosto

26 Los aduladores

Mirando la hoja del periódico se encontró con un gran titular que decía: «SE CONVOCA UN GRAN CONCURSO PARA ELEGIR A MISS MUNDO».

—¿Qué es Miss mundo? —preguntó la sirenita.

—Miss mundo es la mujer más guapa que existe —dijo un coral sabelotodo.

—¿Por qué no te presentas tú que eres guapísima? —sugirió el gusano de mar.

—Chiquilla —le aconsejó un caracol ermitaño—, no hagas caso de las adulaciones. Tu sitio es el mar. No tienes nada que hacer en la tierra.

27 Sueños peligrosos

La imaginación de la sirena empezó a volar y volar. Ya se veía con una corona de reina, hecha de diamantes, y una banda de seda cruzándole el pecho con la inscripción «Miss mundo». Estaría sentada en un trono de oro, con almohadones de raso rellenos de pluma de ganso y adornados con flores. Los terrestres la contemplarían embobados y la llevarían montañas de regalos y ricos presentes. Al pie de su trono estarían los reyes de todos los países y se quedarían con la boca abierta de asombro ante su belleza.

—¡Qué ilusión! ¡Me presentaré al concurso de Miss mundo!

28 Un consejo de amigo

¡Estaba decidido! Subiría a la superficie para presentarse al gran concurso en el que se elegía a la mujer más guapa del mundo. Según iba nadando por el fondo del mar, escuchaba las palabras que unos peces de colores le iban diciendo:

—Eres la más bella, eres la más bella...

Solamente el caracol ermitaño, más viejo que Matusalén, le daba consejos para que bajara de las nubes.

—Es cierto que eres muy hermosa, pero no olvides que perteneces al mar. No hagas caso de los que te dan consejos equivocados.

29 La voz de la experiencia

La sirenita emprendió un viaje hacia los mares del sur para ver a su amiga la tortuga marina.

—Verás, he venido a verte porque me voy a presentar a un concurso que hacen en la tierra para elegir a la mujer más bella del mundo.

—Me parece una tontería horrorosa.

—¿Por qué me dices eso?

—Verás, mona. En la tierra hace un calor espantoso, te mueves mucho peor que en el agua y se te seca el cuerpo. Pero si te empeñas, súbete a mi caparazón y nos vamos ahora mismo de viaje.

Agosto

30 En bandeja de plata

—¡Caramba! —dijo la sirena arrastrándose por la playa—. Pues sí que tenía razón la tortuga. Esto de arrastrarse por la arena es de lo más incómodo.

Entró en un cuarto que resultó ser una cocina llena hasta los topes de cocineros que, en cuanto la vieron, se lanzaron sobre ella. Cuando la atraparon, el jefe dijo:

—Este magnífico ejemplar de besugo lo prepararemos para la delegación japonesa.

¡Ella un besugo! La pusieron sobre un lecho de algas, la rodearon de ostras, vivas por supuesto, de brotes de bambú, de tomates y lechuga, y la prepararon para llevarla a la mesa en una bandeja de plata.

31 La escapada

La sirenita se escapó de la cocina y se encontró en el salón de actos donde estaba reunido el jurado del concurso.

—¿Qué hace aquí esa merluza? —preguntó el mandamás—. ¡Que se la lleven a la cocina que es donde tienen que estar los pescados!

La sirenita salió de allí y se fue al puerto, donde la esperaba la tortuga.

—¡Ay... tortuga..., amiga mía! —le dijo entre sollozos—. Tenías toda la razón, la gente de la tierra es horrorosa. Por favor, llévame al fondo del mar.

Septiembre

1 En el mar se vive mejor

Cuando llegó al fondo del mar dio una fiesta para celebrar su regreso a casa e invitó a todos sus amigos.

—¡Ay, sirenita mía! —le dijo el caracol más viejo que Matusalén—. ¿Ves como yo tenía razón? La gente del mar no tenemos nada que hacer en la tierra.

—Desde luego, y yo fui una tonta por no hacerte caso. Además, aquí soy una sirena con un montón de amigos y allí, en la tierra, sólo soy un pescado para que se lo coman crudo los japoneses.

Anduriño

2 El niño del acordeón

Un niño muy pobre llegó a un mercadillo gallego a pedir un poco de comida, y una señora que cocinaba pulpos le dio de comer y le dijo:

—¡Ay, rapaz!, tú vas de un lugar a otro como las anduriñas —que es «golondrina» en gallego—. Cuando te pregunten tu nombre, di que es Anduriño y acuérdate de nosotras.

—Te haré un regalo —le dijo otra de las buenas mujeres—. Este acordeón era del mío hermanín. Llévalo que a lo mejor te ayuda a ganar dinero.

Septiembre

3 Hay que preparar el concierto

La primera parada de Anduriño fue en un pueblo pequeño que tenía una plaza preciosa.

—Éste es un sitio estupendo para dar mi primer concierto de acordeón —le dijo el niño a su perro—. Además, debajo de aquellos arcos podemos colocar nuestras cosas.

Y tal como había dicho, así lo hizo: sacó de su hatillo un pan que le habían dado para el camino, un hueso con un poco de carne pegada para su perro León y, por último, con una ilusión tremenda y mucho cuidado, sacó el acordeón. Era precioso, de color verde y con un montón de relucientes teclas blancas y negras.

4 El ensayo general

—¿No te parece, León, que en un pueblo tan bonito como éste tiene que haber un montón de gente que le guste la música?

—¡Guau, guau! —contestó León moviendo el rabo de un lado a otro.

Anduriño puso cara de virtuoso del acordeón y abrió por completo el instrumento. Según lo iba cerrando y tocando las teclas, sin ton ni son, unos ruidos espeluznantes, semejantes a mil puertas chirriando a la vez, salieron del fuelle.

León se aplastó contra el suelo y se tapó las orejas con las patas, muerto del susto por ese ruido infernal.

5 El concierto

El espantoso ruido que salía de la plaza pilló a los habitantes del pueblo durmiendo la siesta. Semejantes aullidos hicieron que todos se despertaran de repente, pensando que los fantasmas habían salido de sus escondites. Al darse cuenta de que todo el sonido lo producía un niño con un acordeón, le tiraron tomates, berenjenas, patatas y hasta una hogaza de pan, que si le llega a dar en la cabeza, manda a Anduriño al otro barrio.

—León —dijo a su perro—, he fracasado como músico, pero con todo lo que nos han tirado comeremos más de una semana.

6 ¡Qué pena tan grande!

Por la noche, sentados a las afueras del pueblo, todos lloraban. Lloraba Anduriño, lloraba León y hasta los dos ratoncitos que iban metidos en el hatillo lloraban también a lágrima viva.

—¡Qué fracaso, León! —gemía el niño—. No les ha gustado nada el concierto. Con la ilusión que me hacía eso de ser músico. Además, pensaba yo que dando conciertos en la plaza de los pueblos podríamos ganar dinero para poder vivir todos y ¡fíjate!, no tenemos ni para pagar una habitación barata.

Septiembre

7 El ángel protector

Todos los niños tienen un ángel de la guarda. El de Anduriño oyó los sollozos del pequeño y apareció en medio de la noche, cargado con una cesta de oro en la que guardaba todas las notas musicales que existen.

Cuando el niño y León se durmieron, vació la cesta sobre ellos. Miles de notas de plata cayeron sobre la cabeza de Anduriño, entraron en ella deslizándose dentro de sus orejas y allí se quedaron componiendo hermosas melodías. En un instante, el niño se convirtió en un músico capaz de tocar cualquier instrumento.

8 El gran concierto

—Hoy es domingo y todo el mundo vendrá a escucharnos —les dijo el niño a sus amigos—. No os preocupéis, ahora ya sé tocar el acordeón. Cuando termine mi música, tú, León, pasarás el sombrero para que nos echen monedas. Ya veréis como desde hoy podremos ganarnos la vida viajando de pueblo en pueblo, dando conciertos.

Cuando dieron las doce en el reloj del ayuntamiento, Anduriño se colocó en medio de la plaza, sacó el acordeón del hatillo y empezó a tocar las melodías que el ángel le había puesto en la cabeza.

9 El artista feliz

Tuvo tanto éxito que ganó un montón de dinero, el suficiente para comprar una carreta en la que podían viajar él, su perro, los ratones y, en una caja especial hecha a medida, el acordeón. Se acabaron el hatillo, los zapatos rotos y dormir sin más techo que el cielo. En su estupenda carreta tenían un dormitorio con una cama muy cómoda para cada uno. Y así, viajando de pueblo en pueblo como las golondrinas, Anduriño llevó la felicidad a mucha gente, que se sentía dichosa al escuchar el maravilloso sonido de su acordeón.

Ardillas sin hogar

10 Las ardillas llorosas

La señora Nuez, una ardilla roja, vivía en un gran castaño con un agujero donde había montado una casa muy cómoda y calentita. Allí, feliz y contenta, pasaba los días y las noches con sus tres hijos. Pero un día su vivienda cayó al suelo, dándoles a todos un susto horroroso.

El culpable de que la familia Nuez se quedara sin casa era un leñador que, sin ninguna consideración, había cortado su árbol por la parte de abajo.

11 El leñador

El leñador caminaba por un sendero del bosque buscando otros árboles que cortar con su hacha. Necesitaba madera que le había pedido una fábrica de muebles, pues tenían un encargo de mesas y sillas para un restaurante que iban a montar en el pueblo. También le hacía falta leña para quemar en las chimeneas y las cocinas, porque ése era el negocio del leñador, el almacén de troncos y astillas de mejor calidad que se podía encontrar en toda la comarca.

—Hoy voy a cortar hasta siete árboles —se decía feliz el leñador—. Los troncos irán a la fábrica de muebles y con las ramas llenaré mi almacén para todo el invierno.

12 El ignorante del hacha

Después de comerse su bocadillo de media mañana, el leñador la emprendió a hachazos con otro árbol, sin darse cuenta de que desde un agujero se asomaba la señora Almendra, una ardilla ya mayor que casi sufre un infarto del susto que se llevó con los porrazos tremendos que sacudían su casa.

Este leñador era un egoísta al que no le importaba en absoluto que en los árboles que talaba vivieran muchas familias de animales del bosque. Él únicamente pensaba en su negocio, en conseguir más y más madera para vender a las fábricas y ganar así mucho dinero.

13 La escapada

La ardilla, que espiaba los movimientos del leñador, se fue corriendo de árbol en árbol avisando a todos los vecinos del bosque.

—Vecina —le dijo a otra ardilla—, tienes que salir corriendo de tu casa porque hay un leñador que está echando los árboles abajo. La señora Nuez y sus tres hijos casi se matan del porrazo que se dieron cuando ese bruto tiró su árbol.

—¡Qué horrible! Vamos a avisar a todos para que recojan sus cosas y escapen del hacha de ese despreciable leñador.

14 La ardilla guardiana

Los animales del bosque habían organizado un grupo de guardias jurados cuyo cometido era estar alerta, vigilando cualquier desastre. Uno de estos guardias, una ardilla listísima que estaba haciendo su ronda, vio la que estaba armando el leñador con su hacha y se dirigió a él:

—¿Te parece bonito lo que estás haciendo? ¿No te das cuenta de que en muchos de estos árboles viven familias enteras de animales? Estarás muy satisfecho con tu hacha, pero deberías pensar en el daño que nos haces a todos.

15 Siguen las regañinas

Una ardilla y su hijo también se acercaron al leñador con cara de pocos amigos y le dijeron:

—¡Vamos a ver, leñador! Este árbol es nuestra casa. ¿Qué vamos a hacer si lo tiras? ¿Dónde vamos a vivir?

—Perdóname, señora ardilla —dijo apenado el leñador—. Te prometo que yo no sabía que vivíais dentro de los árboles.

—Pues debes de ser un poco tonto, o quizás muy despistado.

—Podemos hacer una cosa —le dijo el leñador—. ¿Qué os parece si hacéis una marca con pintura en todos los árboles que estén habitados?

16 Los pintores del bosque

El leñador fue a la ciudad y compró unas cuantas latas de pintura roja y un montón de brochas. Luego volvió al bosque, reunió a los animales y les dijo:

—Aquí tenéis la pintura y las brochas. Si os ponéis todos a trabajar, mañana temprano, cuando yo venga a cortar los árboles, sabré con toda seguridad cuáles son los que están ocupados y no se me ocurrirá darles ni un golpe.

Ardillas, ratones de campo, marmotas y hasta conejos y liebres (que no viven en los árboles) quisieron ayudar.

17 La unión hace la fuerza

Al día siguiente cuando llegó al bosque, el leñador se encontró marcados con pintura roja todos los árboles habitados y se dio cuenta del trabajo tan grande que habían hecho los pequeños animales. Él llevaba un saco lleno de golosinas para invitar a todos; era la forma que se le había ocurrido para pedirles perdón. Todos los animales salieron de sus casas y fueron a comer las cosas tan ricas que había traído su nuevo amigo.

La niña que quería ser bruja

18 Estudiante de maldades

A Marisol no le iba nada bien en el cole. Sus compañeros se reían de ella y la tiraban de las trenzas, la profesora la regañaba y la castigaba sin recreo. Estaba tan harta que un día decidió estudiar en los libros de magia para convertirse en bruja y poder hacer hechizos para transformar a todos los niños en cosas raras. Así verían lo mal que se pasa cuando la gente se mete con uno.

Septiembre

19 La aprendiza de bruja

Después de haber leído muchos libros escritos por los más importantes brujos del mundo, Marisol se dio cuenta de que hacían falta muchas cosas más. Por ejemplo, necesitaba una olla grandísima y tenía que salir al campo a media noche para cazar sapos, lagartijas y bichos de ésos que forman parte de cualquier pócima espeluznante.

También se dio cuenta de que no tenía un traje de bruja piruja requetemalísima; así que abrió un baúl de los tiempos de Maricastaña que había en el desván de su casa y sacó su disfraz de hechicera.

20 El bebedizo infernal

—Bueno —se dijo Marisol—, me he leído los libros de brujería de maldades, tengo la olla, he cazado los bichos asquerosos, he recogido las plantas maléficas, y también voy vestida con el traje de bruja piruja. Además, tengo un gato maleducado y he pedido prestado al guardabosques un búho.

Y con la marmita hirviendo sobre el fuego, Marisol se dispuso a echar los componentes del bebedizo infernal que transformaría las cabezas de todos los niños de su colegio en cosas repelentes.

21 El humo espantoso

Por la chimenea de la casa de la brujita Marisol empezó a salir un humo espeso y apestoso que tenía forma de cara de demonio. Los animalitos que vivían alrededor de la casa de la niña estaban asustadísimos sin saber qué era aquella cosa horrible que salía por la chimenea.

—Acurrucaos bajo mis alas, hijos míos —dijo la mamá pájaro a sus polluelos.

—Tú escóndete debajo de las setas que aquí tenemos sitio los dos —pidió la ratona de campo a su marido.

22 La guerra de la vajilla

Estaba Marisol encantada dando vueltas y más vueltas a la pócima del caldero cuando, de repente, los cacharros del juego de café empezaron a volar y a mirar a Marisol con cara de fieras corrupias.

—¿Por qué os han salido ojos y boca? ¿Y por qué me miráis como si quisierais morderme? —les preguntó—. ¡Oh, cielos! ¿Qué he hecho?

Y es que el humo que salía del caldero convertía a los objetos que tocaba en seres enfadados, rabiosos y con muy mal genio.

23 La amenaza

—¿Quién te manda hacer ese potingue maloliente que forma un humo asqueroso? —chilló una cuchara—. ¡Mira cómo nos has puesto!

—¡Del hígado! ¡A mí me ha puesto del hígado! —protestó la cafetera—. Este olor me da ganas de vomitar. Mira, mira qué color verde tan horrible se me ha quedado.

La brujita, el búho, los ratones y hasta una araña que estaba siempre en el sombrero de Marisol se ocultaban como podían de la furia de los cacharros.

24 La paliza

No les sirvió de nada esconderse. El menaje del hogar se lió a golpes con la pequeña bruja y, de paso, con el búho que se pasaba todo el tiempo en la punta del gorro de Marisol. A golpe de cuchara y de cazo de servir la sopa, la sacaron de casa y perseguida por la cafetera, las tazas, la tetera y todos los cacharros embrujados por el humo maléfico, corrió por el campo recibiendo una paliza tremenda.

La pobre no sabía dónde meterse, pues cuanto más corría, más golpazos le daban.

—¡Por favor, dejad de pegarme, os prometo que no volveré a intentar ser bruja!

25 El arrepentimiento

La niña que quería ser bruja para vengarse con hechizos de sus compañeros de colegio comprendió que hacer daño a los demás no está nada bien; aunque los otros se portaran horriblemente con ella, devolverles el daño que le hacían convirtiéndolos en cabezas de calabaza, de cochinillo o de algo peor era una cosa muy mala. Y si encima se metía a bruja malvada... para qué vamos a hablar. Marisol estaba tan arrepentida que decidió no volver a leer nunca más ni un solo libro de hechicería.

Trenza de Oro

26 La huerta de la bruja

Había una vez un matrimonio que, después de muchos años, iba a tener un hijo. Eran vecinos de una bruja que tenía un huerto donde cultivaba unas berenjenas y unos calabacines fantásticos. Un día la mujer tuvo un antojo y le pidió al marido unas berenjenas de ese huerto. Él saltó la tapia y con una azada empezó a arrancar los frutos de la tierra. Pero apareció la bruja:

—¿Cómo te atreves a robar en mi huerta, pobretón?

27 La condición

—Podría convertirte en burro —le amenazó—. Pero te salvarás si me entregas a tu hijo en cuanto nazca.
Unos meses después nació una niña y enseguida se la tuvieron que dar a la bruja, que la encerró en una torre sin puertas.
El bebé se convirtió en una joven preciosa, con un pelo larguísimo peinado en una trenza. Cuando la bruja quería entrar le decía:
—¡Niña, échame la coleta, que subo!
Y la bruja trepaba por la trenza de oro.

28 La prisionera de la torre

La niña, que no tenía nombre porque la bruja ni siquiera se había tomado la molestia de pensar en uno, pasaba semanas y semanas sola en la torre; únicamente de vez en cuando, la malvada bruja iba a visitarla.

Asomada a la única ventana que tenía su cárcel, soñaba con un mundo inalcanzable para ella.
En su soledad, pasaba las horas cantando hermosas canciones, que ella misma componía, con una voz tan clara y tan dulce que parecía un ruiseñor.

29 La voz encantada

Una tarde el hijo del rey de aquel país paseaba por el bosque. Entonces, a lo lejos, oyó una hermosa y triste canción.

—Parece un ángel cantando —le dijo el príncipe a su caballo—. Llévame hacia el lugar de donde viene esa voz encantada.

Y el caballo le llevó derecho a la torre desde la que la niña prisionera entonaba sus hermosas melodías. El príncipe quiso entrar para saber de quién era esa voz maravillosa, pero por más vueltas que dio no encontró un hueco por el que pasar, pues la torre no tenía ni una sola puerta.

30 El príncipe y la prisionera

Desde aquel día, el príncipe iba todas las tardes a oír las dulces y tristes canciones de la muchacha. Una de ellas vio llegar a una vieja horrorosa que se acercaba a la torre y gritaba:

—¡Niña, échame la coleta, que voy a subir!

Vio cómo desde la ventana caía una trenza larguísima, vio que la vieja trepaba por ella y entraba en la torre, y vio a la bruja bajar y desaparecer.

El príncipe fingió la voz y subió trepando por la trenza. Al llegar a la ventana encontró a una niña que lloraba desconsolada.

Octubre

1 La venganza de la bruja

Todos los días el príncipe iba a ver a la niña, a la que él llamaba Trenza de Oro, y ella se sentía tan feliz con las visitas que entonaba sin parar canciones alegres y encantadoras. Pero la bruja, al ver que Trenza de Oro sonreía siempre y cantaba como una alondra, empezó a sospechar. Una mañana, le puso una mordaza para que no pudiera gritar y esperó para ver qué es lo que ponía tan contenta a su prisionera. Cuando oyó al príncipe, echó por la ventana la trenza de oro y, en cuanto el joven asomó por la ventana, le dio tal empujón que cayó al vacío sobre unas zarzas y las espinas se le clavaron en los ojos dejándole ciego.

2 El príncipe vagabundo

Al notar que había perdido la vista, el hijo del rey se marchó por los caminos decidido a no volver a ver a nadie. No quiso regresar al palacio de su padre y tampoco volver a la torre donde vivía Trenza de Oro.

—¿Cómo voy a presentarme ante mi padre y ante las gentes del reino si estoy ciego y tengo la cara desfigurada por las espinas? —se preguntaba el príncipe llorando amargamente—. Tampoco quiero que mi amada Trenza de Oro me vea así y sienta lástima de mi desgracia. Lo mejor es que me convierta en un caminante, sin país, sin amor y sin hogar.

3 Un final feliz

La bruja llevó una escala a la torre para sacar de allí a su prisionera; pero nada más subir el primer tramo, la hechicera se cayó y se partió el tobillo. La niña aprovechó la ocasión para salir corriendo. Al pasar por un arroyo bebió agua y empezó a cantar una de sus tristes canciones. En ese momento, el príncipe pasaba por allí y supo que aquélla era la voz de su amada. Ella le reconoció y fue a abrazarle. De la alegría, el príncipe recuperó la vista y, montados en su caballo, fueron a palacio, donde vivieron muy felices.

El pescador y el pez

4 Mala racha de pesca

Un joven pescador estaba recogiendo las redes al final de la jornada con la esperanza de haber hecho una buena captura aquel día. Y es que llevaba unas cuantas semanas sin pescar casi nada. Cuando ya creía que las redes venían otra vez vacías, se dio cuenta de que había un pequeño pez atrapado en ellas. Era tan pequeñito que el pescador no sabía si echarlo al mar.

Octubre

5 El pececito habla

En esa duda estaba cuando oyó hablar al pececito. Al principio se extrañó mucho y acercó el pez a su cara para escucharle bien y comprobar que le estaba hablando. Y así era, el pececito le decía:

—Amigo pescador, si me comes ahora no podré calmar tu apetito, pues soy muy pequeño. Sin embargo, si me dejas libre y me devuelves al mar, podré crecer y llegar a ser tan grande como mi abuelo, que tiene fama en toda la costa por su gran tamaño.

6 La duda del pescador

El pescador se quedó asombrado de aquel razonamiento, más aún viniendo de un pez tan chiquitín.

La verdad es que lo que decía tenía su lógica. Un pez así de pequeño no le iba a calmar el hambre atrasada. Tenía razón el pececito, le sería mucho más útil cuando creciese y tuviese un tamaño de adulto.

Pero el pescador tenía mucha hambre, hacía varios días que no había comido nada más que pan y caldo sacado de unas viejas raspas de pescado. ¡No sabía qué hacer!

7 La familia del pez

En esto oyó las voces de otros peces que saltaban buscando al pequeñín perdido. Era su familia, que le llamaba angustiada. Querían que el pececito siguiera viviendo junto a los suyos.

8 El pescador se decide

Entonces el pescador supo lo que debía hacer. Tomó en sus manos al pececito y lo arrojó al mar tras decirle adiós. En su ánimo quedaba la esperanza de volver a encontrarlo cuando fuese grande. Entonces sí que lo atraparía.

Octubre

9 La despedida

Los otros peces se pusieron muy contentos de ver al pequeñín de nuevo junto a ellos y quisieron mostrar su agradecimiento al joven pescador.

Para que no volviese a su casa con las manos vacías, le llenaron las redes de suculentas ostras.

Y el pescador, feliz por su buena acción, se alegró mucho de ver reunida a la familia del pequeñín y los saludó desde la barca para despedirse de ellos, deseándoles que siguieran juntos mucho tiempo.

La zorra y la gallina

10 En busca de comida

Una zorra hambrienta vivía sola en el monte y decidió bajar a la aldea para buscar algo de comer. Cuando se acercaba a la aldea oyó el canto de un gallo que desde su gallinero anunciaba el amanecer. La zorra se puso muy contenta, sabiendo que donde hay un gallo también hay gallinas que llevarse a la boca.

11 Un gallinero repleto

La zorra se deslizó silenciosa y encontró el gallinero lleno de aves. ¡Se avecinaba un gran festín! Sólo necesitaba un poco de astucia.

Procurando no ser vista, se metió sigilosamente en el interior del gallinero. Estaba segura de su éxito porque ninguna ave se había dado cuenta de su presencia.

12 La estampida

Pero justo entonces una vieja gallina la vio y dio la voz de alarma gritando que había entrado una zorra. Las aves huyeron en seguida y, entre un enorme revuelo, todas se pusieron a salvo fuera del alcance de la zorra.

13 La vieja gallina

Bueno, todas, todas, no. La vieja gallina, la que había dado la voz de alarma, no se había movido.

La zorra estaba enfadada y decepcionada. Se le acercó con cara de pocos amigos.

—¿A ti qué te ocurre?, ¿por qué no has huido como las otras gallinas? —le preguntó.

—Muy sencillo: soy una gallina vieja y enferma, no tengo nada que ofrecer a una joven zorra tan lista y hambrienta como tú.

14 Toda una lección

La zorra quedó desarmada con sus palabras. Decepcionada y frustrada, se marchó del gallinero con las manos vacías.

En ese momento todas las aves rodearon a la vieja gallina y le dieron las gracias por demostrar ante la zorra un gran valor y una gran inteligencia.

La zorra y el chivo

15 Por el prado

Una zorra hambrienta andaba por el campo buscando una presa para calmar su apetito. En esto oyó el tintineo de un cascabel.
Con sigilo y escondida detrás de unos matorrales, la zorra descubrió a una cabrita que estaba pastando en un prado, toda feliz jugando con las mariposas.

16 El salto de la zorra

La zorra esperó el mejor momento para lanzarse sobre su presa y cuando la cabritilla estaba bastante cerca de los matorrales... ¡zas! La zorra se abalanzó sobre ella, sin darse cuenta de que entre medias había un pozo. Y allí en lo hondo del pozo acabó la zorra. ¡Qué alivio para la pequeña cabra!, por muy poco había logrado salvarse de sus temibles garras. Ahora ya podía alejarse de allí y tener más cuidado en adelante.

17 Un chivo se asoma

Un rato llevaba la zorra metida en el pozo, incapaz de salir de allí por sus propios medios, cuando de pronto asomó por la boca del pozo la cabeza de un chivo.
La zorra quiso animarle a bajar al pozo con engañosas palabras:
—¡Qué fresquita está el agua de este pozo! Yo vengo aquí todos los días a beber y a darme un baño. Se lo recomiendo, de verdad.

18 La trampa funciona

Tanto alabó las cualidades del agua del pozo que el chivo quiso calmar su sed probándola. Y de un salto cayó dentro. Con gran rapidez, la zorra saltó sobre el lomo del chivo y desde allí se impulsó para salir del pozo.
¡Pobre chivo! ¡De qué manera más tonta se había dejado engañar por la astuta zorra! Ahora era él quien quedaba atrapado en el pozo con el agua a la altura de las rodillas.

19 La zorra se despide

La zorra se despidió del chivo y marchó veloz en busca de una presa que calmase su apetito. Allí quedó el ingenuo chivo, entristecido por el engaño y completamente solo. Con grandes esfuerzos intentó salir del pozo y sólo después de mucho rato consiguió liberarse de tan absurda prisión.

El pastor mentiroso

20 De camino a los prados

En el campo vivía un pastor que salía todos los días con su rebaño de ovejas para que pastasen en los prados y comieran hierba fresca. Como era todavía un muchacho y el oficio de pastor a veces le aburría, solía gastar bromas para divertirse. Pasaba muchas horas solo, sin nadie con quien hablar, así que le daba a la imaginación para idear alguna que otra broma.

Octubre

21 El aburrimiento del pastor

Aquel día de primavera lucía un hermoso sol y la hierba del prado era abundante y fresca, así que no tuvo que moverse del sitio para dar de comer a las ovejas. Un poco aburrido estaba en el silencio del campo, cuando oyó unas voces a lo lejos.

El pastor fue a ver de dónde provenían y descubrió a unos campesinos que trabajaban afanosamente la tierra para preparar los cultivos.

22 Los gritos de socorro

Entonces el pastor pensó gastarles una broma y empezó a gritar

—¡Socorro! ¡Que viene el lobo!

La verdad es que no había ningún lobo por los alrededores, pero eso sólo lo sabía el pastor.

Los campesinos, al oír la voz desesperada del muchacho, corrieron en su ayuda llevando consigo sus herramientas de trabajo para usarlas como armas. Pero cuando llegaron junto al rebaño, vieron que había sido una burla y que el pastor se reía.

23 Nueva alarma

Pocas horas después los campesinos volvieron a oír los gritos del pastor:

—¡Socorro! ¡Que viene el lobo!

Y los hombres acudieron de nuevo en su ayuda armados con picos y palas, pero se encontraron una vez más con las risas burlonas del muchacho, satisfecho de su pesada broma. No les gustó nada a los campesinos, pero pensaron que era una simple chiquillada.

24 El lobo de verdad

No pasó más de una hora cuando, de repente, el pastor oyó crujir unas ramas entre la maleza. Y un instante después oyó claramente un auténtico rugido de lobo. ¡Ahora sí que venía el lobo de verdad a comerse sus ovejas! Iba corriendo detrás de ellas con las fauces abiertas.

El muchacho se asustó muchísimo y gritó desesperado:

—¡Socorro, socorro! ¡Que viene el lobo! ¡Ayudadme! ¡Socorro!

25 La tranquilidad de los campesinos

Pero esta vez los campesinos no interrumpieron lo que estaban haciendo, hartos ya de tanta burla. Habían escarmentado de las bromas anteriores y no querían caer de nuevo en la trampa. Los campesinos siguieron preparando su comida al fuego y no hicieron caso de los gritos.

Y el pastor se vio solo sin poder hacer frente al feroz ataque del lobo.

26 La lección aprendida

Bien se arrepintió el pastor de haberse reído antes de los demás con sus mentiras.
Ahora se encontraba solo y sin ayuda.
Y el lobo había acabado con todo su rebaño.
Una lección aprendió el pastor para siempre:
si mientes por costumbre, nadie te creerá cuando digas la verdad.

El león y el ratón

27 De camino al colegio

Una buena mañana salió el ratoncito de casa con la cartera para ir al colegio.
Se despidió alegremente de su mamá y se puso en camino. Todos los días hacía el mismo recorrido, de casa a la escuela y vuelta otra vez. Por eso, aunque era pequeñito, su mamá se quedaba tranquila.
Pero aquel día el ratoncito se iba a llevar una desagradable sorpresa de camino al colegio.

28 La siesta del león

Cuando más contento iba, cantando y silbando, se encontró junto al camino al fiero león. ¡Vaya susto! Menos mal que estaba dormido, así que con mucho sigilo el ratoncito retrocedió unos pasos para no ser visto. Pero tuvo la mala suerte de pisar una ramita y con el ruido el león se despertó.

Octubre

29 La súplica

Molesto porque alguien interrumpiera su plácida siesta, el león atrapó de un zarpazo al ratoncito y le rugió enfadado.

—¡Ay, tenga compasión de mí! —suplicó el ratoncito—. Lo he hecho sin darme cuenta, yo no quería despertarle. Por favor, déjeme marchar. Mi mamá sufrirá mucho si ve que no llego a casa...

El león sintió pena y, como en el fondo era un buenazo, le dejó marchar. Muy contento y agradecido quedó el ratoncito por este gesto del león. Y más alegre que nunca siguió su camino.

30 El león atrapado

Al poco rato, el león cayó sin darse cuenta en una trampa: pisó una red y de repente ésta se cerró y el león quedó colgando de un árbol. Como no podía liberarse él solo, gritó pidiendo auxilio y a las voces acudió el ratoncito.

—Antes tú no me hiciste daño y me dejaste seguir viviendo. Ahora yo te ayudaré a salir de esa red para que sigas siendo libre.

El ratoncito pegó un salto hasta la red y, enganchado a ella, empezó a roerla con sus afilados dientes.

31 El comienzo de una amistad

En poco tiempo, el ratoncito consiguió hacer un gran agujero en la red; de esta forma pudo salir el león y quedó por fin libre.

El león se sintió muy agradecido por el gran favor que le había hecho el ratoncito. Nunca hubiera imaginado que un animal tan pequeño podría ayudarle en un caso de apuro.

Felices y contentos, el león y el ratón, ahora convertidos en dos buenos amigos, se despidieron para seguir cada uno su camino.

Los dos sabían muy bien que su amistad duraría ya para siempre.

Lo que habían vivido juntos no lo olvidarían nunca.

El herrero y el perro

1 Uno trabaja y otro descansa

Al pie de una colina había una vieja casona donde vivían un humilde herrero y un perro muy holgazán. El pobre hombre trabajaba en la fragua durante todo el día: hacía buenas herraduras y muchos cacharros y utensilios para la cocina...

En cambio, su perro, que era remolón y perezoso, se pasaba largas horas acurrucado en su viejo almohadón.

2 El cariño interesado

Además de no ayudar a su amo en el trabajo, el perro ni siquiera servía de consuelo y distracción para el solitario herrero. En realidad, el bondadoso dueño apenas sentía la compañía de su perro. Y es que el animal sólo se mostraba afectuoso cuando olfateaba los sabrosos huesos que su amo dejaba en la mesa, entonces saltaba de alegría y le hacía mil carantoñas. Pero el resto del tiempo el perro iba a su aire y no se acordaba de su dueño. Solamente el hambre le movía a ser cariñoso con el herrero.

3 La paciencia tiene un límite

El empeño que ponía el herrero en hacer bien su trabajo le valía el reconocimiento de la gente y era famoso en toda la comarca. Pero un hombre tan trabajador no soportaba la holgazanería de su perro.

Y cierto día, el herrero muy enfadado dijo:

—¡Fuera de mi casa, perro holgazán! ¡No sabes más que comer y dormir!

4 El comienzo de una nueva vida

La reacción del herrero no pareció afectar demasiado al perro, ¡bien tranquilote era! Con paso lento y despreocupado, el perro cogió su hatillo y se marchó a la aventura. Ya encontraría otro lugar. Pero pronto se dio cuenta de lo mucho que había perdido.

5 Las fatigas para ganarse la vida

Encontrar un lugar acogedor donde vivir no le fue tarea fácil.

Estuvo en muchas casas y en ninguna le trataron bien. Tenía que trabajar en algo para conseguir comida y alojamiento, nadie le regalaba nada. Su vida cambió por completo y no paraba de trabajar.
Pasó largas noches en vela como centinela en un triste corral a cambio de una mísera comida. Fue lazarillo y ni las migajas de pan le daban; también fue cocinero de suculentas y ricas cenas. No descansaba ni de día ni de noche.

6 Pobre perrito

Y se lamentaba una y otra vez suspirando:
—¿Por qué fui tan holgazán con mi primer amo?
El perrito también fue bailarín, músico, animador de circo... y mozo de todo para todos. Al final siempre le encargaban los trabajos que no quería nadie.

7 El perrito errante

Y así se le iba la vida: cambiando de trabajo y yendo de un sitio a otro. Con esta mala fortuna, el desdichado perro caminaba solitario a ninguna parte buscando algún día cambiar tan triste destino.

«Pobre de mí», pensaba, «¿por qué no supe valorar aquellos felices días en casa de mi buen amigo el herrero?».

El asno y el perro

8 La vida en el campo

En una pequeña aldea apartada del bullicio de las grandes ciudades, vivían un travieso perro y un lindo borriquillo, dos buenos amigos que compartían un mismo dueño. Aunque la mayor parte del tiempo disfrutaban de la vida en el campo, algunas veces acompañaban a su amo a la gran ciudad; allí visitaban los mercados para vender los alimentos frescos que habían recogido de la huerta.

9 El viaje a la ciudad

Cuando realizaban estos viajes, el asno llevaba sus alforjas repletas de frutas jugosas y verduras tiernas. Y es que los habitantes de la ciudad no tenían cultivos y apreciaban mucho estos alimentos sanos del campo.

A mitad del camino, el dueño solía parar unas horas a la sombra de un árbol para descansar. No sólo era cansado el viaje, sino que le esperaba un día de duro trabajo en los mercados.

10 La hora de la siesta

Mientras el dueño dormitaba plácidamente, el perro juguetón correteaba entre las flores de las praderas persiguiendo a las mariposas que revoloteaban en las orillas de un riachuelo.

En cambio, el borriquillo, que era más tranquilo y llevaba una pesada carga sobre su lomo, pacía alegremente en aquellos hermosos prados. Cuando se cansaba de comer, el burro se ponía a retozar y jugar con su buen amigo, y así pasaban el rato. Sabían que la siesta de su amo era larga y no debían despertarle.

11 ¡Qué hambre!

El perro, cansado de jugar, se sintió hambriento. Al ver que su dueño seguía durmiendo, se acercó al asno y, levantando el hocico y las patas, le dijo:

—Agáchate, compañero, y déjame que pille de la alforja algún bocado.

El asno, pensando que a su dueño le molestarían las intenciones de su amigo, no le permitió coger nada. Sabía que todo lo que llevaba era para vender en la ciudad.

12 Aparece el lobo

Estaban los dos en medio de esta conversación cuando, de repente, cerca de ellos apareció un lobo hambriento que salía del frondoso bosque cercano.

El asno, temeroso, estiró sus orejas y se quedó paralizado del susto. El perro, temblando de miedo, se escondió detrás de su compañero. Ninguno de los dos amigos sabía qué hacer.

13 La reacción del perro

El pobre asno se sintió indefenso ante tan fiero animal y pidió auxilio al perro, diciéndole:

—¡Ladra, amigo mío! ¡Ladra bien fuerte! Así te oirá el amo y el lobo huirá cuando él despierte.

El perro, viéndole muy apurado, ladró con tanta rabia que el lobo escapó acobardado. No hizo falta que el amo viniese a salvarlos. El propio lobo, que no esperaba esa reacción repentina del perro, se asustó de verdad y prefirió evitar la pelea.

14 La amistad por encima de todo

Y así salvó el valiente perro a su amigo el asno. Ante las dificultades, el perro supo anteponer su amistad con el asno a su propio interés de salir corriendo para huir del peligro del lobo. Tampoco tuvo en cuenta el feo comportamiento del asno cuando se negó a darle un sabroso bocado de las frutas y verduras para calmar su apetito.

Así son los verdaderos amigos, los que no guardan rencor y están simpre dispuestos a dar la ayuda que el amigo necesita.

Las dos perras

15 Una linda casa

En una casa muy limpia y bien cuidada vivía una perra. Le gustaba mucho leer y en los ratos libres se sentaba en su sillón con un buen libro. Su casita era muy linda, la había decorado con buen gusto. Por todas partes había flores que alegraban las habitaciones y la perra siempre tenía todo ordenado.

16 Una visita sorpresa

Una tarde que estaba leyendo sonó el timbre de la puerta. ¿Quién podía ser? La perra se levantó y ¡qué sorpresa! Una antigua amiga venía a saludarla. Se alegró mucho de verla. La amiga le contó que tenía un problema.

—Verás, tengo que dejar mi casa por unos días y quería saber si puedo quedarme contigo mientras tanto —le dijo.

—Por supuesto, así podremos hablar de muchas cosas —respondió su hospitalaria amiga.

17 Cambios en la habitación

Estuvieron charlando las dos amigas toda la tarde, pues hacía mucho tiempo que no se veían. Cuando llegó la hora de dormir, la perra dueña de la casa ofreció a su amiga que durmiera en su habitación para estar más cómoda, a ella no le importaría quedarse en el sofá del salón.

A la mañana siguiente, cuando le llevó el desayuno encontró algo cambiada la habitación.

—¡Así queda más moderna! —exclamó la invitada.

18 Más cambios

Pasaron los días y nuestra perra se dio cuenta de que su vida estaba cambiando. Ya no podía leer tranquilamente como solía, pues a su amiga le gustaba mucho la música y no había día que no tocara la flauta o canturreara alguna canción.

19 Nueva sorpresa

Un día la dueña de la casa se marchó a trabajar como de costumbre, pero al volver a casa se llevó una gran sorpresa. Cuando regresó por la noche se encontró una fiesta montada en el salón.
Su amiga había llamado a otros perros y sin avisar ni pedir permiso había organizado una fiesta con música y bebida.

20 La fiesta en el salón

¡Menudo jaleo! Nuestra perra, tan ordenada y limpia como era, se sintió muy molesta por ese comportamiento de su amiga y salió a tomar un poco el aire para no enfadarse ni armar una bronca.

21 La casa cambia de dueña

Lo estuvo pensando y decidió hablar en seguida con su amiga para dejar las cosas claras. Si quería seguir viviendo con ella, tendría que respetar sus costumbres y su propio espacio.

¡Cuál sería su sorpresa cuando volvió a casa y vio que todas sus cosas estaban en la calle! Su antigua amiga la había echado de su propia casa y sin ningún pudor le decía adiós con la mano desde el balcón.

De esta forma tan cruel aprendió la perra que no se debe ser tan generoso y confiado, pues no todo el mundo es igual de respetuoso y hay que ser prudente.

La paloma y la hormiga

22 El agua fresca

Un bonito y caluroso día de primavera, una blanca paloma se acercó a la fuente del río para beber de su cristalina y fresca agua. Necesitaba calmar la sed después de estar todo el día volando de acá para allá.

23 La hormiga en apuros

Mientras bebía en la fuente, la paloma oyó unos lamentos.

—¡Socorro, auxilio! —decía la débil voz—. Señora paloma, por favor, ayúdeme a salir de aquí o moriré.

La paloma miró por todas partes, pero no vio a nadie.

—¡Estoy aquí, en el agua! —se oyó. La paloma pudo ver entonces a una pequeña hormiga metida en el río y casi ahogándose.

24 El salvamento

—No te preocupes, hormiguita —dijo la paloma—, ahora mismo te ayudaré a salir del agua.

La paloma cogió una ramita y se la acercó a la hormiga para que pudiera ponerse a salvo. La pobre estaba agotada, un poco más y no lo cuenta.

25 La amenaza del cazador

Poco después, mientras la hormiguita se secaba al sol, vio a un cazador que se disponía a disparar su escopeta contra la paloma. ¡Tenía que impedir que el cazador disparase a su salvadora!

Y no se le ocurrió otra cosa que picarle en el pie. El cazador, al sentir el picotazo, dio un brinco y soltó el arma. La paloma se dio cuenta entonces de la presencia del cazador y alzó rápidamente el vuelo para alejarse de allí.

26 El mutuo agradecimiento

Cuando pasó todo el peligro, la paloma fue en busca de la hormiga para agradecerle lo que había hecho por ella. ¡Qué bien que la hormiguita estuviese ahí para ayudarla! Gracias a ella había salvado la vida.

La hormiga le recordó entonces lo bien que la paloma se había portado con ella al sacarla del río y evitar que se ahogara. Le estaba muy agradecida también. Ambas se sentían muy contentas de haberse ayudado mutuamente.

27 Amistad para siempre

Sin conocerse de nada, las dos se habían ayudado en momentos de gran peligro para sus vidas y eso las uniría para siempre.
La paloma y la hormiga supieron entonces que su recién nacida amistad duraría ya toda la vida.

La cigarra y la hormiga

28 Cantar o trabajar

Había una vez una cigarra que siempre estaba cantando. Se pasaba el verano ofreciendo su bonito cantar a todo el que quisiera escucharla.
Se la veía siempre feliz y dichosa cantando entre las flores.
La cigarra tenía por vecina a la hormiga, que era todo lo contrario que ella. Nunca cantaba y se pasaba todo el día trabajando. No podían ser más distintas.

29 Guardar comida para el invierno

La única preocupación de la hormiga era hacer provisiones para el invierno. Unas veces buscaba gusanos, otras veces recogía granos de trigo y centeno. Con mucha paciencia iba transportando y guardando la comida en su casa.
La hormiga sabía que luego el invierno era largo y necesitaría alimentos. Ahora con el buen tiempo era cuando podía conseguirlos.

30 El goce de la música en el campo

La cigarra veía a la hormiga todos los días de acá para allá sin parar. Desde muy temprano, la hormiga ya se ponía a la faena. No sólo tenía que recoger alimentos sino también construir un almacén para guardarlos. Mientras, la cigarra cantaba feliz en compañía de los pajarillos y las flores. Le gustaba gozar de la vida, y el verano era la mejor época para disfrutar del campo.

Diciembre

1 Llega el otoño

El verano pasó y vino el otoño. La cigarra seguía cantando sin preocuparse de nada. En una ocasión la hormiga quiso avisarla:

—Si no almacenas comida para el invierno, te morirás de hambre.

Pero la cigarra le dijo que aún quedaba tiempo. Era demasiado hermoso el otoño como para no disfrutar de su colorido.

2 La escasez en invierno

Y llegó el invierno. Fue entonces cuando la cigarra se dio cuenta de que no le quedaban alimentos para pasar los meses fríos y que ya era imposible encontrar nada en el campo. Afuera todo era hielo y nieve.

Se acordó de la hormiguita y se imaginó lo bien que comería su vecina con todo lo que había ido recogiendo. Pensó que incluso le sobraría comida y decidió ir a verla para pedirle algo.

Diciembre

3 Aprender de los errores

Cuando la hormiga le abrió la puerta de casa, la cigarra le dijo:

—Señora hormiga, puesto que su granero está lleno de provisiones, présteme por favor algo de comida para pasar este invierno.

La hormiga contestó:

—¿Prestar yo lo que gano con un trabajo inmenso? Recuerda que te lo advertí. Debiste haber llenado tu despensa entonces.

La cigarra comprendió cuánta razón tenía la hormiga y aprendió la lección.

La alondra, sus crías y el campesino

4 ¡Al cole!

En los campos de cultivo vivía una alondra que cuidaba de sus pequeños polluelos y trabajaba mucho para darles de comer y para tener el nido bien limpio y ordenado.

Todos los días vestía y peinaba a sus hijos para que fueran al colegio.

5 El nido feliz

Mientras mamá alondra hacía las cosas del hogar, sus crías aprendían a escribir y dibujar. Eran unos hijos muy obedientes y querían mucho a su mamá. Un día, antes de salir en busca de comida, la alondra les dijo a sus polluelos:

—Cuando veáis al campesino, escuchad con atención lo que él diga, pues el trigo está ya muy maduro y necesitamos saber cuándo lo recogerá.

6 El aviso de los campesinos

Al poco rato, los polluelos vieron venir al campesino acompañado de su familia y le oyeron decir que el trigo estaba ya listo para segar y que avisaría a sus vecinos del pueblo para que le ayudasen a recogerlo al día siguiente.

7 El encargo de mamá alondra

Cuando mamá alondra regresó al nido, sus crías le contaron lo que habían escuchado. Pero ella les contestó:

—Ya veréis como mañana no siegan el trigo.

Y así fue. A la mañana siguiente no apareció nadie por el trigal. Mamá alondra fue de nuevo por alimentos y les dijo a sus hijos que siguieran atentos a lo que dijera el campesino.

8 Se acerca la siega

Poco rato después apareció en el campo de cultivo el hombre con su mujer y le comentó:

—Como mis parientes y amigos no han querido venir a ayudarme en la siega, mañana sin falta segaré yo mismo todo el trigal.

Cuando los polluelos contaron a su madre lo sucedido, la alondra supo que había llegado el día.

9 El traslado del nido

—Ahora sí, hijos míos, esta vez es cierto que mañana segará el campesino. Así que ya tenemos que recoger todas nuestras cosas.

Aquella misma tarde, mamá alondra hizo las maletas y, cogiendo del ala a sus polluelos, alzaron el vuelo para ir a construir un nuevo nido en otro lugar. Las crías de la alondra aprendieron que si quieres hacer las cosas en su momento, lo mejor es que las hagas tú mismo.

El zapatero médico

10 El oficio de zapatero

Un pobre y hambriento zapatero vivía en una pequeña ciudad. Apenas tenía trabajo para sobrevivir.

Su torpeza en este oficio era tan conocida, que pocos zapatos reparaba. Vestía con ropa tan vieja y desgastada por el uso que a veces no se podía remendar. Casi no comía y se alimentaba de lo que le daban las buenas gentes de aquel lugar.

11 ¡Una idea!

Poco sabía hacer y llegó un día en que dijo:

—Estoy harto de pasar tantas calamidades; mi vida es muy desgraciada. Necesito conseguir dinero.

De pronto tuvo una gran idea:

—Ya sé lo que hacer para llegar a ser rico: ¡me haré médico!

12 La medicina milagrosa

El zapatero hizo un hatillo con sus pobres pertenencias y se dirigió a la villa más importante de la comarca. Allí se estableció y se hizo pasar por un respetable médico. Para conseguir clientes, anunciaba que con una milagrosa medicina que él mismo había inventado sanaba cualquier mal o dolencia. Y todos los días hacía las mezclas para conseguir el brebaje.

13 La fama

La gente aguantaba grandes colas con largas horas de espera para comprar aquella prodigiosa pócima. Y así fue como el harapiento zapatero se convirtió rápidamente en un famoso médico y ganó mucho dinero en muy poco tiempo.

14 El rey

Dio la casualidad de que por entonces sufría el rey una grave dolencia. Sabiendo de las andanzas del médico, ordenó que le llevaran a palacio. Menuda sorpresa se llevó el falso médico cuando el rey, que no se fiaba, le dijo:

—Toma, prueba primero tu medicina y luego la tomaré yo.

15 La confesión al rey

El muchacho, convencido de que lo que le daban era un jarabe mortal, temió por su vida y se negó a beberlo. Entonces, el pobre no tuvo más remedio que confesar que todo había sido un engaño. Su pócima sólo era una mezcla de hierbas aromáticas y agua, así que en realidad no curaba ninguna enfermedad.

Se disculpó diciendo que tampoco hacía mal a nadie, pues no era una mezcla dañina para la salud. Él sólo había querido salir de pobre cambiando de oficio.

16 El pregón

El rey, queriéndole dar escarmiento, dictó un pregón para que lo leyeran en la plaza de la villa ante todo el pueblo y en él decía:

—¿Cómo creéis a un necio mentiroso que os ofrece un brebaje milagroso como si fuera una auténtica medicina?

17 El desprecio de la gente

El joven, por sus malas intenciones, fue despreciado por todos. La gente le dio la espalda y nadie quiso saber más de él.

De esta forma, el zapatero que no quería tener ese oficio no tuvo más opción que volver a su antiguo trabajo. Y como seguía tan torpe como siempre, apenas tenía clientes y no dejó de ser un pobre zapatero.

La lechera

18 Camino del mercado

En una mañana fresca y soleada iba caminando alegremente una joven que llevaba un cántaro de leche en la cabeza. Con paso ligero, la sonriente lechera se dirigía al mercado; allí quería vender su leche a buen precio para sacar provechosas ganancias. Con estos pensamientos como única compañía, la joven lechera iba muy ilusionada.

Diciembre

19 Huevos para criar polluelos

Cuando todavía le quedaba largo trecho por recorrer, su soñadora y loca cabecita no hacía más que pensar en los beneficios de la venta.

—¡Qué dichosa y afortunada soy! Cuando venda la leche, con el dinero que me den compraré en el mercado un canasto de huevos. Sacaré cien polluelos y les daré de comer grano fino y los cuidaré con mucho mimo para que en el verano crezcan sanos y fuertes...

20 Y después un cerdito

Con muy buen ánimo e ilusión siguió soñando y soñando:

—Y compraré un cerdito que engordará tanto que arrastrará la barriga por el suelo. Después, con el dinero que consiga al venderlo, compraré una vaca y un ternero, y los llevaré a pastar libremente en los prados para que se alimenten bien.

21 El tropiezo y la caída

Entonces, loca de contenta, la lechera saltó tan alto que tropezó con una piedra y fueron a dar en el suelo su linda cabeza llena de tantos animalitos y tanto dinero, y también el preciado cántaro, derramando por el suelo toda la leche que llevaba.

22 El cántaro roto

¡Pobre lechera! Adiós leche, dinero, huevos, pollos, lechón, vaca y ternero. Todo junto había desaparecido en un solo instante. No sólo el cántaro y la leche, también las esperanzas de la muchacha quedaron tiradas por el suelo.

Su cabecita loca y soñadora la había transportado a un futuro feliz que de repente se desvanecía por no haber tenido cuidado al caminar con el cántaro de leche.

23 ¡Adiós al sueño de la lechera!

Ahora sus ojos, húmedos y tristes, sólo veían que su ropa estaba manchada y mojada por el valioso líquido en el que había puesto todas sus ilusiones.

—¡Qué infeliz y desdichada soy! Por querer tener mucho, me he quedado sin nada —decía amargamente.

La bella y el espejo

24 Una hermosa joven

Vivía en una pequeña ciudad una jovencita muy hermosa. Tenía largos cabellos dorados, unos ojos azules de mirada dulce y tierna y una sonrisa tan bonita que alegraba a todos los que la veían.

Ella sabía que era muy bella y por eso le gustaba mirarse en el espejo. Y es que esta hermosa joven tenía por consejero a un espejo hablador, su adorable amigo, que charlaba con ella.

25 Un espejo que aconseja

La bella joven, con su pequeño talle, su cuerpo menudo y su andar ligero atraía a todos los solteros que frecuentaban aquellos lugares. Y siempre que estaba en casa tenía en la mano su espejo hablador, que complaciente pasaba con ella largas y divertidas horas.

Todos los días, la bella joven le consultaba qué vestido podía ponerse para estar más guapa, cómo se debía peinar, de qué color debía ser el lazo del pelo, qué sombrero le gustaba y qué zapatos tenía que calzar.

26 La variedad de vestidos

La verdad es que era difícil elegir, porque la joven guardaba en un viejo arcón un montón de ropa, cientos de broches y adornos, muchos sombreros y otros cuantos aderezos que realzaban más su belleza. Era tan coqueta que no paraba de comprar cosas para lucirlas en cualquier ocasión.

27 La paciencia del espejo

Muy contenta y nerviosa, revolvía entre sus cosas y le preguntaba al espejo:

—¿Te gusta este vestido o aquel otro? ¿O quizá éste? ¿Crees que éste irá bien con aquellos zapatos? ¿Y el sombrero? ¿Cuál combina mejor con el conjunto?

El espejo la escuchaba pacientemente y gustoso respondía a sus preguntas. Ya la conocía de muchos años y sabía cómo agradarla y, sobre todo, cómo sacarla de su constante indecisión.

28 El granito de la nariz

Pero llegó un triste día en que la bella doncella perdió sus encantos; sus mejillas sonrosadas palidecieron y en la puntita de su nariz respingona le salió un granito muy feo.

29 La sinceridad del espejo

El espejo, sin querer ocultarle la verdad, le dijo:

—Yo siempre te he servido, dulce niña, complaciente con tus coqueteos y caprichos, pero tu bonita cara de antes ha perdido todo su primor. No te preocupes por ello, tu hermosura la encontrarás dentro de ti y de tu rostro no debes asustarte.

La joven se sorprendió con estas palabras y, con mirada angustiada, se acercó a ver su imagen en el espejo.

Diciembre

30 El enfado

La pobre y triste muchacha se vio tan ridícula que se enfadó injustamente con su leal compañero. Muy furiosa y dando mil quejidos, la joven arrojó el espejo contra el suelo por no poder soportar su desagradable aspecto.

31 Fin de la amistad

Lloró amargamente la joven por haber perdido su belleza. No podía comprender cómo había sucedido tan de repente, con lo joven que era. Ya no quería mirarse más en el espejo, le horrorizaba sólo pensar en su nueva imagen.

Y así fue como dejó a un lado tanta coquetería y nunca más quiso saber de su fiel y amigo consejero. En ella estaba ahora que encontrase por sí misma su belleza interior.